俺たちの昭和後期

北村明広

ワニブックス
PLUS新書

本書における「昭和の世代定義」と、各時期における主な出来事の年表です。本書をより楽しんでいただくためにお役立ていただけましたら幸いです。

戦争体験世代
〜昭和19年生まれ

発展請負世代
昭和20年〜昭和27年生まれ

センス確立世代
昭和28年〜昭和34年生まれ

昭和後期世代
昭和35年生まれ〜

昭和初期

1926-1945

【第一期】

国連離脱と開戦、原爆投下と敗戦

昭和元年〜昭和20年8月15日

- 昭和がスタート／S元.12.25
- テレビ放送実験成功／S元.12.25（→第4章）
- 満州事変勃発／S6.9.18
- 国際連盟脱退／S8.3.27
- 東京オリンピック中止決定／S13.7.15（→第11章）
- 第二次世界大戦勃発／S14.9.1
- ハワイ真珠湾を攻撃／S16.12.8
- 広島・長崎に原子爆弾投下／S20.8.6・S20.8.9
- 玉音放送／S20.8.15正午

昭和中期

1945-1955

【第二期】

焼け野原から懸命の復興

昭和20年8月16日〜昭和30年

1956-1970

【第三期】

「もはや戦後ではない」から五輪・万博開催へ

昭和31年〜昭和45年

- 日本国憲法施行／S22.5.3
- テレビ放送開始／S28.2.1（→第4章）
- もはや戦後ではないと経済白書掲載／S31.7
- チキンラーメン発売／S33.8.25（→第11章）
- 東京タワー竣工／S33.12.23（→第11章）
- 経済協力開発機構加盟／S39.4.28（→第11章）
- 新幹線開通／S39.10.1（→第11章）
- 東京オリンピック開幕／S39.10.10（→第11章）
- カラータイマー点滅開始／S41.7.17（→第4章）
- 巨人の星放送開始／S43.3.30（→第2章）
- 安田講堂事件勃発／S44.1.18（→第11章）
- アポロ11号月面着陸／S44.7.20
- 大阪万博開催／S45.3.15（→第11章）
- 力石徹死亡／S45.3.24（→第2章）
- 三島由紀夫割腹自殺／S45.11.25（→第11章）

昭和後期

1971-1979

【第四期】

発展と混乱、公害の時代

昭和46年～昭和54年

1980-1989

【第五期】

技術大国ジャパンとバブル

昭和55年～昭和64年・平成元年

- 帰ってきたウルトラマン放送開始／S46.4.2（→第11章）
- 仮面ライダー放送開始／S46.4.3（→第3章）
- 沖縄返還協定調印／S46.6.17
- マクドナルド1号店開業／S46.7.20（→第1章）
- カップヌードル発売／S46.9.18（→第1章）
- NHK放送をすべてカラー化／S46.10（→第1章）
- ボウリングブーム最盛期／S46（→第1章）
- 札幌（冬季）オリンピック開催／S47.2.3
- あさま山荘事件勃発／S47.2.19
- キューティーハニー放送開始／S48.10.13（→第5章）
- 第一次オイルショック勃発／S48.10
- 荒井注ドリフターズを脱退／S49.3.30（→第4章）
- サーキットの狼連載開始／S.49.12.10（→第8章）
- エマニエル夫人公開／S49.12.21（→第5章）
- ローラースルーGO GO発売／S49（→第8章）
- オールナイトニッポン鶴光登場／S49（→第5章）

- アグネス・ラム来日／S50.3（→第5章）
- Made in U.S.A Catalog発売／S50（→第1章）
- ピンク・レディーデビュー／S51.8.25（→第5章）
- サンスター スーパーカー・世界の名車コレクション'77開催／S52.5.5（→第8章）
- ザ・ベストテン放送開始／S53.1.19（→第7章）
- サザンオールスターズショック／S53.8.31（→第7章）
- イエロー・マジック・オーケストラ発売／S53.11.25（→第9章）
- スペースインベーダーブーム／S53（→第6章）
- 沢田研二カサブランカ ダンディ発売／S54.2.1（→第3章）
- ウォークマン発売／S54.7.1（→第9章）
- 沢田研二TOKIO発売／S55.1.1（→第9章）
- 松田聖子デビュー／S55.4.1（→第9章）
- ゲーム&ウォッチ発売／S55.4.28（→第6章）
- 山口百恵引退コンサート／S55.10.5（→第9章）
- 3年B組 金八先生第2シリーズ放送開始／S55.10.3（→第4章）
- MINOLTA X-7宮崎美子CM／S55（→第5章）
- 男はつらいよ浪花の恋の寅次郎公開／S56.8.8（→第3章）
- テレフォンカード発行／S57.12.23
- 空前のバイクブーム／S57（→第8章）
- ファミリーコンピュータ発売／S58.7.15（→第6章）
- スーパーマリオブラザーズ発売／S60.9.13（→第6章）
- 8時だョ! 全員集合放送終了／S60.9.28（→第4章）
- 東レキャンペーンガールに山口智子起用／S.61（→第5章）
- NTT株式上場／S62.2.9
- ホンダF1 16戦15勝／S63（→第8章）

- 平成がスタート／H1.1.8
- 消費税3%がスタート／H1.4.1
- 大納会にて株価過去最高値／H1.12.29

はじめに

タイトルをみて読者の方がまず思うこと。それは——

「昭和後期とはなんぞや？」

ではないだろうか。

西暦６４５年、皇紀ならば１３０５年にして、最初の元号「大化」が採用された。以来、２５０近くある元号の中で、昭和は最も長い64年までカウントした。

少し突っ込むと、昭和元年は12月25日に始まった。終焉（しゅうえん）となった昭和64年は、１月7日に小渕官房長官が「平成」を発表して翌日より始まった。昭和は62年と２週間で成り立っているのである。

奇（く）しくも最初と最後が7日ずつで、これは偶然で片付けたくないと常々声を大にしている。

昭和の奇跡と紐付けるのは、子供じみていることは自認しているものの、昭和ジャンキーにとっては些末（さまつ）なことも強く結びつける悪い性癖がある。何事にもしつこい巳年であることも付け加えておくから、どうかご容赦願いたい。

この本ではまず、昭和を「えいや」と3分割してみた。するとどうだろう。終戦までの昭和20年までを初期。敗戦の崩壊から立ち上がり、オリンピックを経て万博を開催した昭和45年までを中期。ここからギアを上げてミラクルジャパンへと駆け上がり、バブルの絶頂期を迎えた昭和64年までを後期と、くっきりはっきりと分けることができた。

これほど納得感のある割れ方も昭和の奇跡だ。いや違う、奇跡を起こしたから割れるのだ。

乱暴すぎるだろうか？　もう少々丁寧に追ってみよう。

戦後の混乱下で、全力の復興にあたった。昭和31年の経済白書に「もはや戦後ではない」と掲載され、復興の第一ピリオドを打った。ローギアの10年から、一段ギアを上げたのだ。

依然ボロボロながらも、これより国民は、〝復興〟でなく〝発展〟へと心を入れ替えた。五輪開催に向かって、新幹線に高速道路、高層ビルに都市計画などなど、官民あげてのインフラ整備が急ピッチで進んだ。

東京オリンピックを無事成功させると、矢継ぎ早に大阪万博に向かう。ともかくこの頃だ、マイホームとマイカーを手に入れた4人家族は、皆が中流になった。

2つの世界イベントを成功させ、さらにギアを上げアクセルを開けた。

本書では、この昭和46年からを「昭和後期」と定義する。トルクをかけてスピードを上げていき、昭和55年、80年代に突入した。肌を伝わっていく空気までをも変えてしまった感覚を味わった。これよりいよいよ、トップギアに入ったミラクルジャパンだ。バブルの狂乱まで軽やかなるハイスピードで一直線と言っていいだろう。

まるで昭和の奇跡を暗示するように、最終64年の末（平成元年）に株価は最高値をつけた。だが翌年より急速に暗雲が立ち込めていく。長い長い、失われた30年の始まりだ。

『俺たちの昭和後期』は、昭和46年より始まった昭和後期に、次々と生み出されたミラクルに歓喜しながら成長した世代をターゲットとする。文中でこれを「昭和後期世代」と呼ぶ。

昭和後期に強い影響を与えた事象を抽出して、おもしろおかしく、そしてわがままに検証していく。歴史書ではない。エンタメ書であることを宣言させていただこう。

俺の偏った主張を聞け!!

オリンピックの翌年、昭和40年の夏に生まれた。定義するところの、正真正銘「昭和後期世代」である。

4000グラム近いでっかい男の子を、クーラーのない産婦人科で産んだ昭和15年生まれの母ちゃんはさぞ大変だっただろう。そしてその赤ん坊といえば、逆子でへその緒に首が引っかかり、仮死状態で出てきた。なんとか蘇生したものの、顔には生気がなく紫色に変色していて、目は充血を通り越していた。誕生を喜ぶために駆けつけた親戚らは、この子はダメだろうと昭和7年生まれの親父に伝えた。

そんな生い立ちはどうでもよい。ここで重要なポイントは、2人の両親の生まれ年が子に与えた大きな影響だ。「昭和後期世代」の生態を探る上でもここは重要だから、本書を読み進めるにあたって頭の片隅に置いていただきたい。

親父は戦争に行ってお国の役に立ちたかったと、常々話していた。酔えば「父さんが行っていれば、戦争に勝っていた」とまでぬかす。

「日本は奇跡の国だ」が口癖で、その国を守りたかったとの持論だ。そんな親父を誇りに思った。

いっぽう、お袋の記憶には戦中がほぼない。戦後の物のない時代をいつも語り、抱き上げられた記憶のない父親を「戦争に取られた」と表現した。芋ばかり食べていた。白米なんてほとんど口にできなかった。ご飯粒は1粒たりとて残すなと言い続けたお袋も、同じく尊敬した。

共通した口癖は「今の日本はなんて幸せなんだ」だった。

それにしても、よくぞイデオロギー離婚に至らなかったものだ。そこを家庭でぶつけ合わないのは、戦争経験のある大人たちのルールだったのかもしれない。

ともかく、両親の戦争体験は子供たちの思考に差異を生じさせる。「戦争を知らない子供たち」と呼ばれた昭和後期世代ながら、敗戦は色濃く入り込んでいる。もしも親父がお袋と同じ年代で、同じように戦争を憎んでいたら、アメリカ～ンなスピリットを持つ、ナウでヤングな男で生きられたかもしれない。とすると、今あなたが手に取っていただいている本の中身は、ずいぶん変わっていただろう。

親だけでない。小学生の時に憧れたヒーローたちには、作者の戦争経験が入り込むものがある。我が親父とお袋の差異のごとしで、戦争経験の濃淡が作品に表れる。

根底には平和を願う気持ちと、子供たちに自分のようなつらい経験をさせたくない、夢にあふれて生きてほしいとの願いが込められている。

強い左派イデオロギーを押し付ける教師が多くいた。社会科の教科書は巻末が使われなかった。

近所のおっかない爺さんは軍隊帰りで、礼儀を知らない子供たちには怒鳴り散らした。祭日は国旗を掲揚する。大人たちの主張はさまざまで、その中でバランスをとりながら成長したからか、ノンポリどころか「新人類」と呼ばれた。

時は流れて大人の階段を上ると、バブル景気は完全に崩壊して、我が国は長いこと低空飛行を続けている。幼少より、坂を駆け上がっていく日本しか知らなかったからこいつは一大事だ。

なんとかせねばと、２００９年に昭和と日本のジャンキーとして立ち上がった。同世代に突き刺さる雑誌を目指して、『昭和40年男』を創刊したのだ。

再度日本にミラクルを起こすことを夢に描き、自身の雑誌だけでなく、各メディアでも訴え始めた。昭和のエネルギーによって育った昭和後期世代は、食い散らかしているだけなのではないか。享受した恩恵を、それ以上にして社会に還元せねば、先人たちに申し訳が立たないと主張を続けた。

幼少の頃より、大人たちの愛ある仕事に接してきた。夢を与えてくれ、心と生活を豊かにしてくれ、明日へと走る元気をもらった。

これら、社会を明るくした現象を深く再検証することで学び今の社会に活用して、豊かな明日を築こうと呼びかけたのだ。不景気や暗い社会を誰かのせいにせず、「キャシャーンがやらねば誰がやる」の精神で立ち上がろうと拳を突き上げた。

バカだ、完全なるバカだ。

かつて桃井かおりは「世の中、バカが多くて疲れません?」とCMで問いかけた。社会問題になり、バカをお利口と差し替えたことがあった。

時を経て現在、バカはすっかり減り、お利口さんばかりになった。まるで予兆であったかのような変貌ではないか。揚げ足取りばかりが上手なお利口さんが増殖して、言いたいことを言えずに顔色ばかりをうかがう、本質的な言論のダウンサイジングが止まらない今は、まさしく「疲れません?」。

ハチャメチャだった昭和後期を、再考する旅に出る。その元気を吸い込んでいただきたく、筆を取った。

諦めることない明日への夢を、小さくとも灯していただけたら幸いである。

俺たちの昭和後期　目次

はじめに

第1章　昭和後期が始まった……25

第2章　なぜ俺たちは熱いのか?……47

第5章 エロエロ狂想曲

第8章 エンジンの音と鼓動で育った俺たち

第1章　昭和後期が始まった

歳の差に横たわる大きな壁を楽しむべし

昭和46年、華々しく、昭和後期元年がスタートした。

昭和の後期の、さらに元年と呼ぶのはいささか仰々しいが、本書のテーマであり昭和後期は新たな定義なのだからご容赦願おう。

前年に大阪万博を成功させたことと、三島由紀夫の割腹自殺がチェンジャーとなり、昭和中期を終えた。これらも昭和後期を語る上で重要だから、最終章に詳しく綴ったのでそちらもお楽しみに。まずは昭和後期元年にて、第1章とする。

この年より、社会がカラフル志向へと変化した。昭和40年生まれの筆者は6歳だ。

読者諸氏はこの瞬間を何歳で迎えただろうか。くっきりはっきりと記憶しているような先輩諸氏は、かわいい弟の戯言として、後輩たちは兄貴のわがままで偏った解釈として受け止めてくだされ。

同じ事象の解釈に、性別はもちろんのこと、年齢による差異が大きく生じることを雑誌『昭和40年男』を作っていた時に嫌というほど味わった。加えて、育った地域や兄弟の構成なども強く影響する。そこに、「はじめに」で綴った親たちや大人たちの戦争体験による価値観の植え付けがあると、思考は大きく左右される。

ひとつ、例えばだ。

浦沢直樹の『20世紀少年』という、昭和臭の強い作品がある。大阪万博が強くフィーチャーされているこのストーリーを、昭和40年生まれの人間には書けない。浦沢は昭和35年の早生まれで、万博開催時は小学5年生。強く惹かれた年頃だ。同級生たちと大いに盛り上がっただろう。

『ウルトラマン』も小学低学年で遭遇しているから、受けた影響を強く感じさせる。再放送で目撃した我々世代とは、ありがたみが異なるように伝わってくる。

さらに加えて、ロックバンドT REXの名曲「20センチュリー・ボーイ」も物語に強く関与する。ちょうど洋楽に興味を持つ時代の浦沢少年だったかもしれない。ヒットしたのは彼が中学2年生だ。洋楽にショックを受けるタイミングにはベストで、万博・ウルトラマン同様に、感情が作品の中で生き生きとしている。

とまあ、アラ還にとっての5歳差はさほどではないが、幼少期の経験差はとてつもなく大きい。

そもそも人には人の数だけ差異がある。受け入れてみることで、おもしろい自分が練り上げられる。これを昭和後期世代は、当たり前にして生きてきた。ＳＮＳで類友とばかり繋がっている、若い世代の読者さんには強く言いたい。他人への尊重と寛容がなければ、調和は生まれない。

と、偏った主張を正当化しようと姑息（こそく）な訴えかな。

昭和後期起点の軌跡を彩るビッグスター

〝華々しく〟と書き出した昭和後期だが、小学校にも上がっていないその記憶はややぼんやりとしている。ただそれ以前、幼稚園でいえば年中と年長では全く異なる良好な景色に変わる。３歳未満の記憶などない。凡人ゆえかもしれないが。

昭和40年に生まれた幸運を感謝している。ギリギリで昭和後期元年の記憶があるからだ。加えて、昭和にまつわるこれまでの取材と、時代考証とをクロスさせて論じていく。

昭和後期元年に6歳を迎えた男子には、あまりにもエポックメイキングなヒーローが登場した。

『仮面ライダー』だ。

これに影響を受けなかった同世代男子を探すのは、極めて困難だ。

その影響の大小を大きく左右するのが、前述したとおり年齢な訳だが、昭和40年に生まれた筆者にとって、幼き思考がドンピシャだったと胸を張る。疑うことなく、ライダーとショッカーの世界に入り込めたのだから。

これ以上のショックを受けたヒーローを知らない。

『仮面ライダー』は、ベースが生身の人間である。ロボットでも宇宙人でもなく、人間だった。戦っている怪人も、秘密結社により手術を施されただけで、ベースは人間だ。

胸は張ったものの、当時の6歳にしてはあまりにも幼稚でお恥ずかしい話をひとつ。

大人になったら『仮面ライダー』になりたい。

生まれて初めて描いた夢だ。

荒川区の産婦人科で生まれた以上、宇宙人にはなれない。大型ロボットを操縦することにロマンを感じたが、それよりも自分自身の身体で戦うことに震えた。地球の平和を、どんなに苦しくともつらくとも守り抜くことに自身を捧げる覚悟に、美学を見出したのである。

自己犠牲であり滅私奉公だ。そんなヒーロー感が完成した。

このスピリットを持てた深い感謝から、雑誌『昭和40年男』の創刊号に、藤岡弘、のインタビューなしではありえないと、つんのめった。

見事、取材依頼は受け入れられ、記念すべき創刊号の表紙にも登場している。

彼は言った。ショッカーの戦闘員こそがヒーローなんだと。

撮影では、大きな石がゴロゴロしている地面に、ライダーの攻撃を受けるたびに飛び込む。あざだらけの身体で、撮影が終われば稽古に励む。弁当は粗末なシャケ弁当だったと、心よりの声を振り絞った。

大人たちは子供たちのために全力であり、本気だった。壮絶な現場を作り上げ、ブラウン管からはみ出してくるような熱が、ガキどもの心を鷲掴みにしたのだ。

藤岡本人も、撮影中の事故で大怪我を負っている。攻めた走りのバイク転倒で、足があらぬ方向に曲がっていた。慌てて戻した瞬間に、意識を失ったと語っていたのには、思わず顔をしかめてしまった。

この入院による代役で登場したのがライダー2号とは、ガキには到底想像できず、取り入れられた変身ポーズに夢中になった。番組中断も検討されたようだが、不屈の魂は『仮面ライダー』そのままにシリーズは続き、今へと繋がる。本気で演じた藤岡の大怪我によってもたらされた、運命めいたストーリーだ。

やがて1号はカッコよくなって戻ってきた。ダブルライダーの大興奮も経験した。

明治34年生まれと昭和13年生まれの、差異と共通する愛

親の戦争経験は、教育や暮らしに影響を与えている。教師もそう。東京下町育ちの筆者にとって、近所のおっかない爺さんなんかもだ。大人たちには戦争体験が色濃く残っていて、昭和後期世代の人生形成に関わっている。

影響力大のヒーローたちにも、作者たちの戦争経験は滲（にじ）み出てくる。

昭和後期世代男子にとって、仮面ライダーと双璧をなすヒーローが『ウルトラマン』だ。生みの親である円谷英二は、明治34年生まれで、戦時中は国威発揚映画の『ハワイ・マレー沖海戦』を特撮技術を駆使して制作し、昭和17年12月に公開して大ヒットさせた。軍人主導によるもので、戦中の日本にとって必要なコンテンツだったのだ。軍用教育映画も多数撮っている。

やがて敗戦をむかえた後に、この経験は胸を苦しめたことだろう。平和への願いを誰よりも強くしたはずだ。

そんな円谷は、平和の尊さと、それを守る覚悟と勇気を子供たちに向けて真剣に打ち込んでくれた。だが決して子供の目線に合わせて作ったのでなく、自身のクリエイティビティと信念で作り続けた。

公害問題など、社会が抱えた深刻な問題もあぶり出した。子供たちの考察を育てる物語も含み、ウルトラマンシリーズは安穏と夢だけを見ることを許さなかった。明治生まれで、戦前から体験した者よりの愛である。人間同士が傷つけ合うことを主にしない。

石ノ森章太郎は昭和13年生まれで終戦時7歳だった。戦争に対する感覚が、戦意掲揚映画を〝作らされた〟円谷とは、大きく異なる。

意地悪でなく、石ノ森だから人間ベースの『仮面ライダー』を生み出せた。等身大のサイズで平和を守る。だからこそ、平和のために戦う夢をガキどもに身近に見せてくれた。その意識を持たなければならないと植え付けてくれた。

アメリカ文化を自然と取り入れられる時代が到来

本章冒頭で、昭和後期元年は社会が〝カラフル志向〟へと変化したとした。これを邁進(まいしん)させた、また象徴的な2つのエポックがある。その後の社会を変えていく、これは事件レベルだ。

ひとつは、マクドナルドの開業だ。

日本マクドナルドの創業者、藤田 田は、明治以降の日本の中心であるとして、銀座での開業をターゲットとした。文化というのは、上から下へと転がっていくという持論があり、銀座でも特上の中心地、4丁目交差点の銀座三越1階に、日本1号店はオープンした。7月20日だった。

少し以前では考えられないほど、行儀の悪い食べ物である。眉をひそめる大人はいたようだが、若者によって新しい文化が定着するのは古今東西変わらない。

この5年前にビートルズが来日した時には、日本武道の聖地である場所、武道館でなんたることかと騒然となった。メディアも反対の声明を大々的に出した。

ビートルズ来日よりたったの5年で、アメリカ文化の侵食は急ピッチで進んだのだ。万博で最も人気を誇ったのはアメリカ館であり、これも万博がチェンジャーであると位置付けるゆえんである。

鬼畜とまで称したアメリカのファーストフードを、すんなりと受け入れるに至った。しかも日本の中心地の銀座でだ。昭和後期元年のカラフル志向を象徴するような、黒船、いや赤船の襲来である。

少し余談を。今も残る地域はあるが、昭和後期世代の親たちは総じて小麦粉を「メリケン粉」と口にする。アメリカの粉だ。戦中に作りすぎた〝メリケン粉〟は、不味(まず)くて飲めたものではなかった脱脂粉乳と共に戦後輸入され、給食を通じて子供たちの口に入っていった。教育の現場でも、アメリカ文化を受け入れていったジャパンだ。昭和後期に至り、ハンバーガーに列を作る土台は十分過ぎるほどできていた。

アメリカと切っても切れないカップヌードルの登場

マクドナルドから遅れること約2ヶ月後の9月18日に、もうひとつの事件が起こる。『カップヌードル』が世に放たれた。日清創業者の安藤百福（ももふく）は実業家でありながら、技術開発者であり発明家だ。

明治43年に生まれ、終戦を迎えたのが35歳だった。

敗戦後の食糧難に心を痛めた。闇市で見たラーメンの行列に、誰でも気軽に食べられるラーメンの開発を思いつく。が、戦前よりの実業家だった安藤は自身の事業を優先し、ラーメンの開発に手をつけることはなかった。

時は流れて昭和32年、自身が理事長を務めていた信用組合が破綻して財産の全てを失う。だが本人曰（いわ）く、失ったのは財産だけで経験があると、一念発起して即席ラーメンの開発に没頭する。明治生まれの強さか、敗戦経験からくる負けじ魂か。

翌年、昭和33年8月25日に商品化にこぎつけた。昭和後期世代に知らぬ者はいないだろう、『チキンラーメン』が発売となった。昭和中期の「もはや戦後ではない」宣言後だ。

家事の苦労を軽減する。気軽に栄養が取れる。すぐおいしい。

豊かな暮らしを求め始めた社会と合致させるように、情熱と執念を注ぎ込んだ発明であり商品だ。

『チキンラーメン』は『カップヌードル』開発へと繋がってゆく。

欧米進出を狙った安藤は、アメリカ視察の現場で『チキンラーメン』を紙コップに割り入れて湯を注ぎ、フォークで食べる光景を目撃する。昭和41年だった。これに着想しカップヌードルの開発に取りかかったのだ。

5年の月日が流れ、全く新しい商品の発売となった。

『カップヌードル』だ。

起点となった『チキンラーメン』は、敗戦の貧しさ、闇市の混乱から生まれた。発売当時の『チキンラーメン』のポジションは、苦難を乗り越えて生活向上を目指す色が滲む。カラフルとはいえない。

だが『カップヌードル』は全く異なる。カラフル志向に変わってゆく若者たちに、ぴたりとシンクロした。

一見すると無駄と言える〝カップ〟と〝フォーク〟が付属された。当時としては高額で強気の１００円の値付けも含み、これを余裕と呼べばどうだ。『チキンラーメン』と『カップヌードル』は、昭和中期と後期の違いを如実に表している。

当初苦戦を強いられた『カップヌードル』だが、安藤はマクドナルド同様銀座に商機を見出した。歩行者天国で試食販売をスタートさせ、多い日には2万食もさばいた。立ったままフォークで啜る行儀の悪さも、ハンバーガー同様に若者たちの作る時代の波が反論を消し込んでゆく。

私事ながら、銀座が歩行者に開放されると知った親父の喜びようを強く記憶している。始まったのは昭和中期の最終年の昭和45年8月2日で、大阪万博の開催期に重なる。銀座だけでなく、新宿、池袋、浅草が対象となった。

戦前より文化の中心だった銀座は、戦中に大きな空襲を2度も受けた。戦後は多くの老舗店舗がGHQによって、「PX（進駐軍専用売店）」として接収もされた。

昭和7年に生まれ、敗戦と真っ直ぐに向き合い、戦後日本のミラクルを喜んだ親父は銀座が大好きだった。戦中戦後はさぞ悔しさを噛(か)みしめただろう。

今考えれば、彼にとって銀座は復興シンボルのひとつだったのだ。その大通りを歩けるのだと、子供のような微笑(ほほえ)みで息子に語りかけたあの日が忘れられない。

ゲバ棒とヘルメットよりもナウへと向かうヤング

『カップヌードル』は不思議な運命もまとう。

発売翌年、昭和47年2月19日に勃発した、あさま山荘事件時に機動隊員に配布されたのだ。氷点下では弁当が凍ってしまう。とにかく極寒であり、大いに活躍した。日本中から注目を集めた現場の10日間にわたった中継に、湯気を立てながら啜る姿がブラウン管に映し出された。期せずしての大プロモーションだ。

左翼イデオロギーが、70年安保を経て、わずかずつ鎮静へと向かい始めたのも昭和後期元年である。その翌年に起こった、くすぶる過激派５人と国家の対立は、死者３名と重軽傷者27名を出す惨事となってしまった。

そもそもアメリカへの対応に端を発したイデオロギーで、その決起のひとつがあさま山荘の立て籠もりだ。ここを舞台にして、カップの麺をフォークで立って食べる、アメリカナイズされた新しい商品のプロモーションが同居した。なんとも皮肉な話ではないか。

他方結果として、イデオロギーの減衰に拍車をかける事件になった。

先端をいく若者たちを、ナウでヤングと表現したのは昭和50年頃だが、昭和46年の若者たちの意識に新しい何かを常に求める意識が急速に高まったはずだ。万博の成功は大きかったと睨（にら）んでいる（最終章にて）。

ヤングはナウを強く求め、それはゲバ棒とヘルメットより魅力的に決まっている。ヤングにまるで寄り添うがごとし、アメリカンテイストがナウく幅を利かせていく。

アメリカ文化をそのまま輸入したマクドナルド。

アメリカの強い影響を受けて生まれた『カップヌードル』。

それまでの日本になかった2大エポックだ。

銀座発の昭和後期フードカルチャーは、今も輝きを失わず君臨する。これが昭和後期元年だったことは、運命的だし象徴的でもある。いくつも連なった背景が、まるで集約されるようにして新しい文化を後押しした。

楽しむことに貪欲になり始めた日本の体験

生活を楽しむことに貪欲になれる時代へ突入したのだ。

カラフル志向の本格化だ。

NHKが昭和後期元年に、放送全てをカラー化したのも象徴としてふさわしい。

カラー化に踏み切れた要因にも強く絡むのが、万博である。色とりどりのパビリオンの生中継により、カラーテレビの需要が高まり、昭和後期元年の普及率は42・3％に達していた。

この頃の松下電器（パナソニック）のカラーテレビは、20型で17万円程度だった。現代で同じ金を出せば、松下では、液晶の４Ｋ65型に手が届く。物価の比はもとより、バカ高い。

カラーという付加価値に、多くが手を出す国力が育っていた。楽しむことに貪欲になったと言い表せる。

『カップヌードル』の１００円に手を出せるのも、余裕だと前述した。加えるとしたら、なんとなくアメリカンな〝スタイル〟に価値を見出し、消費に値するとしたのだ。

楽しむといえば、60年代後半より人気を高めてきたボウリングブームが沸点を迎えていた。戦後日本が、それまでに経験したことのない流行規模と設備投資を誇った。

「ナ・カ・ヤ・マ・リツコサン　リツコサン」の印象的な曲が、昭和後期世代には鮮明に記憶されている。このＣＭが流れたのも昭和46年だ。

大ブームの牽引（けんいん）者でもあった中山律子は『昭和40年男』ｖｏｌ．22で「72年頃になると、テレビ番組がなくなるという話が聞こえてきた。71年の1年間がまさにブームの盛りで、何のかげりもなかった。みんながボウリングをやろうとしていた時代だ」としている。

全国のボウリング場の数が、最高の約3700ヶ所に達したのがこの翌年の昭和47年だったが、これは建設計画の関係で、中山が感じたブームのかげりが不幸にも重なってしまったのだ。

ブームの沸点はまるで吸い寄せられるように、昭和後期元年となる。

アメリカと密接すぎる昭和後期の2大ブームと謎の偶然

なぜこうも受け入れられたのか。

近代ボウリングはアメリカ発で、そのスタイルをやはり受け入れたのだ。2時間も3時間も待たされた当時、ビリヤードやピンボールといったアメリカカルチャーを楽しみながら待った。

ポール・ニューマンが主人公を演じ、英国アカデミー賞に輝いたアメリカ映画『ハスラー』が昭和37年に公開され、ビリヤードもアメリカのかっこいいスタイルと受け入れられた。

映画の洗礼を受けた男たちは、ビリヤードを「玉突き」と呼び、退屈なはずの待ち時間をポール・ニューマンに変身して楽しんだ。アメリカンテイストなピンボールも、男を気取るのに格好のゲーム機だった。

この空前のボウリングブームを支えた中心世代といえば、昭和10～20年代生まれだろう。熱狂の中で主役を演じた中山律子は、昭和17年生まれだ。この世代に戦地経験者はおらず、記憶も薄まっているから、アメリカをすんなり受け入れられた。

「鬼畜」と呼んだことのない世代が、待ち時間までをもアメリカンスタイルで過ごす大ブームを支えたことになる。

冷めるのは急速で、昭和47年に3700ヶ所あったボウリング場は昭和51年には約880ヶ所にまで減少している。

さておもしろいことに、ボウリングブーム世代の子供たちの多くがビリヤードブーム世代になる。ボウリングブームのピークから15年を経た昭和61年暮れに『ハスラー2』が公開された。

こちらでもポール・ニューマンのカッコよさに酔いしれ、若きトム・クルーズに憧れた。昭和10〜20年代生まれと同じく、アメリカの男たちに心酔して、映画公開の翌年にビリヤードブームが巻き起こった。ボウリングブーム時と同様に、施設が次々に開設された。

世はバブルに踊っていて、オオカミたちはおしゃれなプールバーに夜な夜な出かけた。ボディコンで身を固めた赤ずきんちゃんに狙いを定めては、成功と玉砕を繰り返していた。バブル絶頂期の鮮やかな景色で、昭和後期世代のナウでヤングだった者たちの胸には、強く刻まれているだろう。

アメリカに対しては、原爆を落とした敵国で昭和前期を終えた。中期は占領時期を経て引き上げてもなお、若者を中心としてイデオロギーに強い揺らぎを与えた。昭和後期は日本の歴史上、アメリカンカルチャーの影響力と輸入量が、比類なきサイズに達した。

ボウリングとビリヤードの、2つのアメリカンな大ブームが昭和後期の両端を固めていることも偶然で片付けたくない。昭和ジャンキーの性（さが）である。

付け加えておく。

アメリカンカルチャーを日本の若者にとって、なくてはならぬコトに昇華させたのが、昭和50年に読売新聞社から発行された「Made in U.S.A Catalog」だ。現地に出向き丁寧にかき集めたモノコトの数々が、〝触覚〟の研ぎ澄まされた若者たちをオピニオンリーダーに育てた。この功績は、雑誌の金字塔と評する。

カラフル志向へと変化した若者にとって、明日は夢にあふれていた。生活の何もかもが沸点へと向かっていく中で、アメリカ発の未知のカルチャーに新しさと希望を求め、背伸びして無理をして手に入れていったのだ。

第2章　なぜ俺たちは熱いのか？

新人類と呼ばれて生きてきた──知ったこっちゃねえや

古今東西、世代ってのは先輩たちによって一山に括（くく）られて、蔑んで語られる。彼らは昭和後期世代の多くを、〝新人類〟と名付けた。「何を考えているのかわからん」との、失礼極まりないキャッチコピーとセットにしてだ。

そう呼ばれた当人たちは、当然ながらいつもしっかりと物事を考えていたから、わかってねえやと取り立てて反論することもしなかった。知ったこっちゃない。

こう呼んだ先輩たちは、社会にまだ戦後経験が色濃く残り、安保闘争に学生運動、フォークゲリラなどなど、イデオロギーが次々と大きな喧騒（けんそう）を生んだ渦中にいた方々だ。豊かな社会の恩恵を享受し続けた我々を、あまちゃんとしか見ないのが仕方ないのはわかる。

ともかく新人類という新鮮でナイスな言葉によって括り、そう呼んだ先輩方はさぞ気持ちよかったことだろう。昭和61年の流行語大賞だ。だが意地悪く言わせてもらえば、自分たちだって一部ノンポリとの、昭和43年の流行語で括られたのだ。新人類と呼んだのはその仕返しだったのか？　時代は巡るのである。

昭和後期世代は、日本の基礎が整い、エンジョイジャパンへと突入したカラフル志向の社会で何不自由なく育った世代だ。その世代が熱いとはちゃんちゃらおかしいと、やはり先輩たちは首を縦には振らない。

だが正真正銘、熱き世代なんだと強く強く吠(ほ)えさせていただく。

鍛え上げた大人たちの存在——ありがたき発展請負世代

新人類と蔑んで呼んだ団塊世代は、とはいえ昭和後期世代にとって重要な存在だ。団塊とは、昭和22年から24年生まれを指し、出生ベースで260万人台（以下、出生ベース・台略）を超えている。

加えて敗戦前後生まれと、出生200万人を維持した昭和27年生まれあたりまでが、昭和後期世代が飛び込んだ社会における、ありがたくもおっかなかった先輩だ。猛烈に働き、世界に誇る日本を築いた彼らを「発展請負世代」と呼ぶことにする。

話は少しそれるが参考まで。

昭和後期世代を自認する昭和40年生まれは182万人で、翌年が60年に一度の丙午(ひのえうま)で136万人に激減した。迷信恐るべしで、当時は神通力があった。次に丙午を迎える2026年に、この迷信が社会に再び登場するだろうか。昭和41年生まれにとっては、気になるところかもしれない。

丙午のリバウンドのごとき昭和42年は、200万人を割った昭和28年以降の15年では最も多い、193万人まで盛り返した。そのままほぼ横ばいを続けて、昭和46年に200万人へと戻し、49年まで大台を維持した。団塊ジュニアと呼ばれた。

ここからはご承知のとおり、出生数は激減の一途で、令和6年は過去最低の72万人となり、間もなく70万人を割り込むことが確実視されている。このあたりは本書の論ずるところではないが、このままでは苦しいことは言うまでもなく、昭和後期世代の気概が問われる社会になると拳を握っている。こんなにもわがままな書を残そうとしている、ゆえんでもある。

発展請負世代の存在に話を戻そう。

人口が多いから常に競争にさらされながら、明るい日本を築いた。

奥田民生が、30歳を目前にして歌い上げた『愛のために』は、おそらく発展請負世代を指して歌っている。彼らをおっさんと呼び、歌詞を組み立てている。

いろいろややこしい世の中で
雨にも風にも夏にも負けず
明るい日本の見本となった

こう先輩を立ててから、「そろそろ僕が」と引き受ける。筆者が握りしめた拳と、まるでシンクロではないか。

奥田民生は昭和40年生まれのタメ年であり、言わずもがな昭和後期世代である。

団塊世代、そして少し広く捉えた発展請負世代は、70年安保を学生で過ごしている者が多い。いろいろややこしい世の中を乗り越えて髪を切り、昭和後期に社会に出てきた。

働くために生きたのが、当時の熱き大人たちだ。

コンプライアンスもハラスメントも、そんな面倒な考えは微塵(みじん)もない社会で、自己実現とは仕事の地位が成立させるものだと迷いなく生きた。

戦争では負けたが、今度こそ負けないようにと戦った戦士である。

昭和後期世代が社会に出た頃には、仕事に脂が乗り切っていた先輩たちだ。見本であり、厳しく指導にあたってくれた。時には鉄拳を喰(く)らうこともあった。「俺の酒」を呑(の)まないわけにはいかないし、絶対的な存在だった。

おかげで一人前になれた。仕事に生きがいを見出すことができた。昭和後期世代にとって彼らの存在こそが、大きな熱の源泉である。

お前、引き出しひとつあれば上等だと思わなきゃ

新人類と蔑んだ団塊の先輩、そのまんまのエピソードをご紹介したい。

雑誌『昭和40年男』を創刊させた翌年のことだ。東京MXの報道番組の特集に取り上

げていただき、昭和40年生まれの熱さについて話をさせてもらった。

若い男女のアナウンサーが仕切り、昭和40年生まれの先輩は確かに熱いとおだてる。そこに異論を唱えたコメンテーターだ。

元共同通信社の角田光男さんでまさに団塊世代であり、自分の会社に昭和40年生まれが入社してきた時のことを振り返った。ちょうど新人監督をしていたとのこと。

昭和40年生まれの新入社員が、机はどこですかと聞いてきた。

「机なんかありゃしないよ。お前、引き出しひとつあれば上等だと思わなきゃダメだよ」と答えたそうだ。

このコメントどおりに受け答えしたかは抜きにして、時を経て対峙した昭和40年生まれの後輩に対して、「お前」と「上等」を使って説明していることがいかにもである。

続けて、団塊世代が育った時代と、昭和40年生まれが育った時代の豊かさの意味が変わったと感じたと振り返っていた。まるで「何を考えているのかわからん」だったことだろう。

発展請負世代は戦中を生きておらず、少年期を迎えた頃にはほとんどが「もはや戦後ではない」以降だ。しっかりと教育を受け、社会の混乱から練り上げた思想を持ち、世の中を変えようとしていた。

論が立ち若い連中を決して認めないから、一部アレルギーを持つ昭和後期世代は少なくない。

筆者は、回り道をしてから社会に出た焦りがあった。早く一人前になりたく、彼らの胸に真っ向勝負で飛び込んだ。真剣になればなるほど、真剣に打ち返してくれる。感謝の世代だ。

発展請負世代は、多くの仕事をゼロイチで作り込んだ。社会の黎明期を高いところに引っ張り上げ続けたのだ。

まだまだコンテンツ全盛時代に程遠い、価値観の画一化が強い時代に少年期を過ごした。思考のヒエラルキーがしっかりとしている、明朗な親分たちである。社会を支えた自負も強い。

彼らも厳しい先輩、すなわち戦争体験世代からの指導のもとで成長した。

昭和後期における仕事の現場では、戦争体験世代が中心を担い、モノコトの創出をマネジメントしていく。指示を受けて発展請負世代は、寝る間を惜しんで作業に徹した。ミラクルジャパンを呼び込んだのは、ふたつの世代ががっぷり四つに組んだからだ。

昭和後期世代は、そうして彼らが生み出したハードとソフトを栄養にしてスクスクと育ち、社会に出れば厳しい指導を受けた。そのまま我々の熱源である。

昭和28年から34年生まれの昭和後期世代から見た定義

出生人口の200万人台を理由に、昭和27年生まれまでを発展請負世代とした。ではその翌年生まれで、昭和後期元年に18歳を迎えた世代をなんとしよう。

「もはや戦後ではない」と宣言後の、急発展ジャパンを少年期で過ごした。本書で指すところの昭和第三期（↓P3参照）であり、昭和後期世代とは少し異なる発展を享受した。モノコトの創出量はまだまだ少ないものの、エポックのサイズが大きい。驚愕（きょうがく）しながらすくすくと育った。

ここもやはり猛烈な仕事主義者たちでありながら、ゆとりが出てくる。海外カルチャーをアレルギーなく、むしろ積極的に求める。流行に敏感になり始めた「センス確立世代」と呼ぶ。

知られた世代論では昭和26年生まれからを断層の世代と呼び、その特徴として流行に敏感になり始めたとしている。本書『俺たちの昭和後期』では、ここに2年のズレを主張する。つまり昭和28年生まれから昭和34年生まれだ。

彼らのバランス感覚に着目したい。

根性が備わった世代でありながら、アメリカ文化を積極的に取り入れ始めた。空前のディスコブームを生み出し、謳歌(おうか)した世代だ。前章の最後でふれた「Made in U.S.A Catalog」をバイブルにした世代といえば、合点がいくのではあるまいか。

昭和後期世代にとっては頼れる先輩である。社会では世話役として影響を受けた。団塊、断層、しらけ、新人類など、既存の世代仕分け論と照らしながら、読者諸氏の生きた感覚を加味して、世代論を楽しんでいただけたら幸いだ。

整理する。

まずは昭和後期世代に強く影響を与え熱の源となった、親世代でもある「戦争体験世代」だ。戦争中に生を受け、出陣を逃れた昭和一桁から敗戦前後生まれまでだ。

次が猛烈な企業戦士ばかりの「発展請負世代」。流行を広く取り入れ始めた「センス確立世代」が続く。

そして、我々「昭和後期世代」である。

増え始めた情報により、思考と嗜好(しこう)の細分化が始まる。流行も百花繚乱(りょうらん)となるから、そのチョイスが人生を左右する。これだけならしらけてしまいそうだが、そこは先輩三世代の熱が強く降り注いだ。

それぞれにイデオロギーもあり熱だけでなく、それぞれの世代の信じる道を刷り込まれる。愛もこもっていた。

これらにより、バランスの最もすぐれた熱を確立したのが、昭和後期世代であると言い切る。

いつの時代も、そして世代も自分たちが最高であることは前提だろう。が、叫ぶ。

昭和後期世代こそ、ゴールデン・ジェネレーションなのだ。

戦争経験世代の梶原一騎より毎日注がれた熱

戦後、経済大国に向かっていく日本は、まず自動車や家電などに代表される技術開発を先行させて爆走した。

乗っかるソフトが追いついていないのに、そんなことには見向きもせず、突っ走った。まずは箱作りありきである。

やがてハードとソフトがガップリ四つに組んで突き進む時代が到来した。きっかけのひとつとなったのが、万博である。箱にソフトを突っ込んで成立させる、世界イベントの成功だからだ。ソフト力のすばらしさを日本全体が認識できた。そのまま、大人たちのソフト開発力に直結したのだと極論する。ゆえに、昭和後期元年を万博の翌年であると主張しているのだ。

自動車は移動の箱からレジャーの相棒に変わり、多種多様のニーズに応えながら、カテゴリーを提案していく時代が到来した。

音響機器はハードとソフトが切磋琢磨(せっさたくま)するような発展をみせ、冷蔵庫は大型化して母親の幸福を願うかのごとしである。冷凍食品を受け止めるため、冷凍庫も大型化していく。

ブラウン管の中でも、ハイレベルなクリエイターたちが打ち込むコンテンツが熱を帯びていった。

ガキどもを夢中にさせたのは正義の味方だ。次々と現れては昭和後期世代に憧れを抱かせ、己を重ねながら成長した。前章でもふれた『仮面ライダー』が昭和後期元年に登場したのは、やはり大きな事象だ。

悪と戦うヒーローたちには、どんな苦境にもへこたれない、不屈の精神が込められていた。正義感が生きるベースとなった。美しい心の尊さも教えてくれた。昭和後期世代の熱源として、今も胸に在り続ける。

そしてやがて、少年期を迎えると男の義を貫き通すことや、根性で夢を叶(かな)えることが男の生き様なんだと知る。

戦争経験世代からの愛が、日本中の少年青年に向けて注ぎ込まれた。これを梶原一騎作品で論じたい。彼は昭和11年生まれだ。作品からは無限のごとく愛があふれている。

成長期にふれることができたことは、昭和40年に生まれた男の幸運だと深く感謝している。

自分の信じた道を愚直に走る男たちの姿が、心のど真ん中に入り込み熱源になった。今なお離れない。

軍歌のごとく連日叩き込まれた、血の汗流せ、涙をふくな

梶原一騎の代表作のひとつ、『巨人の星』は再放送で頻繁に観ることができた。再放送は平日の毎日だから、軍歌とも取れそうな「思い込んだら」で始まる根性ソングをたたき込まれた。曲に加えて、オープニング映像による根性の刷り込みも、うさぎ跳び神話と共に一種の教育でもある。

歌は進みAメロラストを決める、「どこんじょう」の文字がブラウン管に乗るシーンは、星一徹が先導した親子のうさぎ跳びだ。やがて木陰で見つめる姉の明子が映り込み、フォーカスされていくと涙を流している。

寂しげな表情ながらそれは凛(りん)としている、昭和の女だ。ここまでほぼ、現代社会においては不適切なシーンばかりである。

凄まじいまでの主題歌はハイライトへとすすむ。

血の汗流せ
涙をふくな

飛雄馬よ、男とはこれをテーマに生きていくのだと畳み掛ける。明子の涙があったから、この言葉は強く強く増幅され、雄々しく「どんとゆけ」で締まる。

そしてこの「どん」に対して、前述したAメロ締めの「どこんじょう」の2つの「ど」が、効果抜群に引き合っているように感じる。それぞれのセクションをキリリと締めているではないか。

しかも画像は、相棒の伴宙太と2人で抱き合い涙を流している。

重要ゆえ繰り返す。これを連日叩き込まれたことを、幸運と呼ばずになんとする。

壮絶な主題歌により、マインドセットされてから始まるのは、来る日も来る日も歯を食いしばってしごきに耐え、ライバルを超えようとする姿だ。ど根性だ。挫折を繰り返しながらも事を成す熱い男たちは、幼少期に憧れた正義の味方たちと同様に、少年期を迎えた昭和後期世代の魂に取り憑いた。

飛雄馬を容赦無いスパルタで鍛える星一徹は、昭和後期世代のだいぶマイルドになった父親とは少し違っていた。だが、あり得ない父親像として受け取るのでなく、少し以前には存在したのだと認識した。そしてマイルドにはなったが、同じ類いの厳しさは父親の中からも感じ取ることができた。

日本一のライバルから知る男の美学のなんたるや

『巨人の星』同様、男の心の中に火を焚べたのが『あしたのジョー』だ。矢吹ジョーと力石徹を中心とした男たちから、人生のなんたるかを教えてもらった。

ライバルの存在こそが、男を高めていくことを知る。

死闘の末、ジョーが求めた握手に笑顔を浮かべて力石は応じようとした。神々しいまでの鮮やかなシーンに、男の美学を見出した。だからまさか、次の瞬間にあの不幸を運んでくるとは。この死を悼(いた)み、力石の葬式がリアルで行われたのを、昭和後期世代の多くは当時知らなかっただろう。

原作でこのシーンが掲載された約1ヶ月後の、昭和45年3月24日だった。『週刊少年マガジン』の版元である講談社の講堂で、葬儀委員長を昭和10年生まれの寺山修司が務めた。

寺山は主題歌の詞を書き上げている。

「サンドバッグに浮かんで消える」で始まるあの主題歌だ。ジョーと力石という、日本一のライバル関係のドラマに、これ以上似合う曲は、まったく想像ができない。

あしたはきっと　なにかある
あしたは　どっちだ

強きメッセージが視聴者の心にグサリと刺さって、そのままブラウン管にしがみついた。

昭和14年生まれのちばてつやとの共同作品である。戦争体験世代よりのメッセージの集大成だ。

隅田川で繰り広げられた悲しくも儚い昭和の別れ

男の世界だけでない。見守る2人の女との別れにも感情を強く揺さぶられた。

ひとつ目が、乾物屋の林紀子との切なすぎる別れに至るシーンだ。

「珠姫公園へいくんだ　紀ちゃんもいくか」

5メートルほど後ろをついていく、昭和の女だ。

「うれしい……」と照れながらつぶやく。大和撫子なる言葉が、まだ生きていた時代だ。

公園へと向かい、ボクシングに対する男女の見解のキャッチボールに10ページを使う。

タイムパフォーマンスなる、くだらぬ価値観がまかり通る現代にはない、贅沢(ぜいたく)な表現が続く。

やがて別れを決定づける、夜の川辺へと辿り着く。

以前、ちばてつやに話を聞いた。

舞台のモデルとして、荒川区の町屋界隈も参考にしたとのこと。

物語では、泪橋や日雇いのためのドヤ街の山谷、２人が語り合った珠姫公園など、町屋からは少し距離のある同じ荒川区の三ノ輪界隈や、お隣の台東区に点在する。

だが丹下拳闘クラブは、町屋至近の尾竹橋下あたりのスケッチだと推測する。幼少の頃見たこの界隈と酷似しているからだ。

ラストシーンとなる川辺も、荒川区境の隅田川だろう。

「矢吹くんは……さみしくないの？」で始まる紀子の怒涛の責めが続き、納得もさせられる。が、その上で日本中の男たちに響き渡った、最終話に続く名ゼリフがアンサーだ。

「燃えかすなんて残りはしない。真っ白な灰だけだ」

受け取った紀子は、わかるような気がするとはしたうえで最後の言葉を紡ぐ。

「私、ついていけそうにない……」と。

隅田川（と睨む）にかかる橋を去っていく、決して振り返らない紀子をジョーはただ見送っていた。

少年漫画において、こんなにも切ない男女のシーンがあるだろうか。いや、ない。

白木葉子の激情が噴出するのを誰が予想できただろうか？

「ここは女の来るところじゃねえ」

少年漫画史上最高の恋愛シーンが、ジョーのこのセリフで口火を切る。

熱戦を待つ控え室でのやりとりだ。

涙を流した葉子がリングに上るなと嘆願する。振り切ろうとするジョーに「好きなのよ矢吹くん　あなたが‼」と衝撃の告白となる。切ない恋心がやはり、日本中の男どもに響いた瞬間だ。

力石戦と共に、永遠に語り継ぎたいホセ・メンドーサとの死闘は終了のゴングが鳴った。

「燃えたよ……真っ白に……燃え尽きた……真っ白な灰に」

梶原・ちばコンビは葉子の恋心をついに、そして美しく成就させた。

「このグローブ……もらってくれ」「あんたに……もらってほしいんだ……」

グローブを胸に抱きしめる葉子の表情を、読者諸氏には再認識いただきたい。

ちばはイベントのトークショーなどで、白木葉子のことをわからないまま描いていたと語っている。

そんな葉子を理解できた瞬間こそが、控室から出ていくジョーを止めようとしたシーンだったと。これ以降の葉子こそが本来の姿であり、少年漫画史上最高とした恋愛シーンとなる2人の愛が成就する瞬間へと繋がっていったのだ。

昭和後期世代にとっては、か弱くも強い撫子から見出したこれもまた熱源であり、心に深く刻まれている。

すべての主人公に梶原一騎なる男の部分が入っている

梶原一騎の奥様、高森篤子さんに生前話を聞けた。

梶原は典型的なガキ大将で、行く先々で放埒(ほうらつ)の限りを尽くしたため、文芸編集者である父親は息子を教護院（現在の児童自立支援施設）に入れて矯正を試みた。ここで梶原は院内の書物を読み漁(あさ)り、父譲りの文芸の才能を育んでいくのだが「親に見捨てられた」という屈折が心から離れることはなかったそうだ。

「梶原が持って生まれた資質は、挫折してしょんぼりするのではなく、『ちくしょう見ていろ』だったんだと思います。そこに男子なら誰しもが持っている、父親に認めてほしい、いつか乗り越えてやるという気持ちが加わった。それで梶原は父のいる純文学の分野で身を立てようとしたんです」

彼女は19歳の時に9歳年上の梶原と結婚した。梶原は当時すでにマンガの原作者として活躍していたものの、いつも「これはアルバイトなんだ」と言い訳めいて説明していたと振り返る。

「オレは拳闘なんぞに興味ねえんだ」とうそぶいていた矢吹丈と彼が、まるで重なるではないか。

高森さんは「すべての主人公にね、梶原一騎なる男の部分が入っているんです」と語っている。彼の生み出すキャラクターに男は誰もが憧れ、感情移入させられた。それは梶原の分身だったのである。

この言葉を聞きながら、ふと感じさせられた。

奥様には、紀ちゃんも葉子も入っている。この日費やした、約2時間の対話での確信である。

この訪問時には、直筆の原稿を見せていただけた。まるで氏の風貌のような強い文字が印象的だった。そして訂正が全くない。

彼女いわく、長く熟考を重ねた後に一気に書き上げるとのことだった。その原稿を目の当たりにして、高い集中力に恐怖に似た感覚を味わった。

現代社会は本当に梶原一騎の心を捨て去っていいのだろうか？

原作の連載は『巨人の星』が昭和41年から46年で、『あしたのジョー』が昭和43年から昭和48年、どちらも『週刊少年マガジン』だ。発展請負世代とセンス確立世代の多くの男が、戦争体験世代の作り込んだ作品を愛読した。

昭和後期世代はほとんどが、両作品の連載をリアルタイムで知らない。ただアニメを再放送で追いかけたから、何度も繰り返し己に叩き込むことができた。やがて原作を手に入れた者が多くいる。先輩世代との共通言語なのだ。

根性主義の男たちの死闘など、まるで現代社会が葬り去ろうとしているキーワードが至る所に埋め込められている。昭和後期世代の成長期にはスタンダードであり、精神のベースとなっている。

己を鍛える象徴だったうさぎ跳びは禁止になり、部活の練習中に水が飲めるようにもなった。

とはいえ、自分たちが過ごした時間を否定する気はない。信じた道を捨て去る気もない。男を支えるのは一にも二にも根性だ。支えるのは、熱い血潮だ。

なんでもかんでもふた言目にはハラスメントで片付けようとする現代社会では、根性主義はまかり通らない。過去の訂正を強いられているかのようだ。これには多くの昭和後期世代が息苦しく感じている。

昭和後期世代が吸ったうまい空気は、わがままをまるで美徳にでも持ち上げるような現代のものとは違う。このバカバカしい空気をよしとしない男子が、昭和後期世代には多くいるが、口にしようものなら弾圧されるから静かにしている。これはいかん。

昭和後期の社会はまるでマグマのようだった。コンテンツにもモノコトにも熱が込められていた。これは3つの世代に分けた先輩方それぞれの、努力によるものだ。愛ある指導だったのだと、今こそ改めて受け取るべきだ。ガキの頃より享受してきた昭和には、再認識すべき熱が宝の山のごとしだ。

少しおかしくなりかけている社会で、昭和はノスタルジーを楽しむだけの題材ではない。本質的な温故知新によって社会に還元することこそが、我々昭和後期世代の責務だと訴える。

第3章　男は男らしく生きよ

ジェンダーレスとはなんぞや？　はるか昔の俺たちは知らぬ

「女の腐ったのみたい」とは、鬼婆（オニババ）、もといお母様のキメゼリフだ。

「男らしくなさい」とセットでしばしば投げ込まれる、きつい説教だった。

昭和後期世代がその時代を謳歌していた頃、ジェンダーレスなんて概念はなかった。

いや、一部で苦しんだ方々は当時もいただろうが、表沙汰にできない空気があった。

これより綴るのは、昭和後期の不適切な話であることをご容赦いただきたい。

ともかく今は昔、たった2つしかない性をまっとうするのみだった。

男の目標は男らしく生きることであり、親もご近所さんも教師の教育でも大前提であり、ブラウン管の中の猛者がそれを補佐した。

女もそうだ。大和撫子精神はもとより、美しさや色気までも推奨の社会だった。

ビールや繊維メーカーが、CMに展開したキャンギャルが消失する未来が来るとは、昭和後期世代の誰が想像しただろう。分析では、性別や外見に依存した広告が好まれなくなったとのこと。やれやれ、くだらん。

第3章では男をテーマに書き進めていくことにする。だがこのテーマ、しっかりと網羅しようとすれば、本書の文字量を5冊重ねても足りぬ。

ならばどうする。

得意とする、極めて偏ったネタで構成させていただく。極めてが付くのは、個性と魅力あふれる男たちがあまりにも多く存在することの裏返しだ。

こう前置きするのはまず、「男は男らしく」を胸に深く刻んだ事件を、昭和後期世代の教育現場からひとつお届けしたいからだ。私事で恐縮ながら、ここに昭和後期がある。

お前はそんな男だったのかーっ　喰らったグーパンチに深謝

荒川区の小学6年生。休み時間の教室だ。

担任教師が血相を変えて駆け寄ってきた。彼はレスリングで国体出場経験があるとの屈強な男だ。

女の子をいじめた。よりによって母子家庭をいじったのだ。酷（ひど）い、最低最悪である。

そこに至ったことに理由はあるが、いかなる背景であろうが神も許さない事案である。物心は十分に備わった6年生だから、成長すればするほど後悔したはずだ。人生最大の汚点として、十字架になっていたかもしれない。

だがこれを鉄拳で解決してくれたことで救われた。昭和後期の手法である。担任の顔は紅潮して怒気にあふれているのに、その目には涙が浮かんでいた。そして一瞬の出来事だった。

「お前はそんな男だったのかーっ」と、グーで顔を殴られすっ飛んだ。

この教師が大好きで尊敬していた。親以外で、自分のことをこれほどまでに理解してくれた大人は初めてだった。だからこそ強いエネルギーをぶつけてくれたのだ。見損なったぞお前、ではあるが、浮かべた涙は見捨てていないことの証である。痛かった。が、それ以上のぬくもりも受け止めた。

お前は男なのだろうと諭してくれたおかげで、わだかまりを捨て去り心より謝罪でき、許してもらえた。おかげで、本来一生悔やみ続けたかもしれない愚行が、担任よりの愛の想い出へと昇華されている。

思考停止へとミスリードを続けるも仕方なし

　教師の体罰は、いかなる場合でも許さぬ社会に様変わりした。だが暴力と結びつけて、杓子定規（しゃくしじょうぎ）で断ずるのは思考停止を招いてしまう。根本のところで論じようとすれば、100の体罰があれば100の理由があり、その中には使ったほうがいい場合もある――そういった議論さえも遠ざけてしまうのはいかがなものか。

　現代病である。メディアによるミスリードが大きな要因のひとつだ。

　世論におっかなびっくりしながら、社会に迎合しながら、大メディアは民事を報じる。シビアなスポンサー様の機嫌を損ないたくない。批判や、ましてや炎上は御法度だから、社会迎合主義にならざるを得ない。だから「暴力だけは論外」とフォーマットにはめ込んでしまえば、安全なのだ。本来優秀なメディアマンなのに、がんじがらめなのは気の毒である。

　こうして思考停止社会を作り上げている。昭和後期世代にとっては嘆かわしいものの、仕方なしと日々の職場で飲み込んでいる。毎日辟易（へきえき）しているから、酒場の隅では雄弁になる。

「おっかしくねえ」と投げ合いながら、「俺たちの時代はさあ」と口論するのが楽しかったりする。

我が愛する担任は、バカ男を真剣に叱った。これを愛のムチと呼ばずなんと呼ぶ。愛のムチ……、死語だ。

深く理解させたムチでもあった。女の子をいじめるなんざ言語道断であり、男は女を守り愛する生き物だ。女から愛されなくとも、愛するのが男なのだと。

そんな社会を生きた昭和後期世代にとって、男女に多様性もへったくれもない。だが現代においては誤った考え方なのを、仕方なしだと認める。

だが信じて生きた価値観までも否定されるのは、絶対に違うと訴える。

男は男らしく、これからも生きていこうではないか。

無駄の必要性を世に発した昭和を代表する男

では、昭和後期世代の男道を示す、偉大なる男の話をスカッといこう。

昭和後期世代に限ることなく、広く日本人の目指す男ゆえややピントは甘いが、この男は外せない。

「姓は車、名は寅次郎、人呼んでフーテンの寅と発します」

男の中の男だ。

昭和後期世代にとって寅は、銀幕よりもブラウン管の中で大暴れするキャラクターだ。

四畳半の居間で家族団欒（だんらん）を楽しんでいたガキの頃、晩酌しながらのんびりと眺める親父と、まったく興味のないお袋。「男はつらいよ」にまつわる原風景だ。

当時は、破天荒な男に強くなびくことはなかったが、あのテーマソングと口上が強く記憶された。

やがて居間から離れる年頃になるとともに、世の中はキラキラとしていく。そんな中で今風に言えば、オワコンを感じていた。

夏と冬の映画館で、昭和6年生まれの山田洋次と同世代の、戦争体験世代が楽しむ。と、そんな風に完全に対象外にして、さらに時は流れた。

子育てが始まったある日、テレビから聴こえてきた主題歌によって心の深いところに刻まれていた原風景が鮮やかによみがえった。浅はかだった自分に気がついた日だ。今では作品のすべてを所有して楽しんでいる。

山田洋次は、寅さんに対してこんな言葉を残している。

「寅さんはまったく無駄な人間ですからね。でも、それも含めて人間。迷惑ばっかりかけている人間も必要なんだ」と。

無駄な人間とは、よくよく考えれば自分の存在もそのまま当てはまるではないか。世間に迷惑ばかりかけているのがお恥ずかしい。だがそこに必要性があるのだとは、山田洋次からの人生の贈り物になった言葉だ。

人間だけでない。昭和後期は無駄にあふれていた。

平成に入り、令和となり、月日と共に無駄を排除するどころか、無駄が忌み嫌われる社会になっていき、そのスピードを上げている渦中にいる。

タイパなる言葉を「男はつらいよ」にはめてみれば、それは低すぎる。シーンの合間に響き渡る、帝釈天（たいしゃくてん）の鐘の音は重要なのだが、令和の世には不必要かもしれない。ならば堂々と言える。昭和後期社会のすばらしさとは、無駄の中に見つけたりである。

男の美学とはなんぞや？　取り戻せ日本男児よ

山田は「不寛容な映画は撮りたくない」とも残していて、「寛容な映画」と「無駄な人間」との組み合わせこそが昭和を代表する男、寅さんの根源である。

喜怒哀楽の塊のような、直情型の男でありながら、女を女らしく光り輝かせる大天才である。ヒロインたちが例外なく寄せる好意こそ、昭和の男の手本であり憧れだ。

寅さんの美学を象徴するセリフを、数多（あまた）ある中からひとつだけピックアップしてみた。

「男ってものはな、引き際が肝心よ」である。

27作目となった『浪花の恋の寅次郎』でのシーンだ。

松坂慶子が演じた芸者の浜田ふみは、寅の滞在先の安宿に押しかける。酩酊（めいてい）状態を演じ「うち眠い。今夜ここに泊めて」と迫る。そこで寅、そのまま寝かせて部屋に残す。翌朝、残心が盛り込まれた「さようなら」で締められたふみの置き手紙を見て、この地から離れる決心をした。その道すがら、見送りの宿の主人に放ったのが先の名ゼリフだ。引き際の美学の教科書である。

ナンパマニュアルで育った昭和後期世代で、このセリフと共に鮮やかに去ることができる男が、果たしてどれだけいるだろうか。

昭和56年公開だから、山田洋次の創り上げたこの世界とは、最も遠くにいた頃だ。めしべのことばかり考えていた16歳に、このセリフと行動は飲み込めなかっただろう。男はつらい。つらかったら無理しないでいいという風潮の現代には、やはりそぐわない。

今や絶滅の危機にある「男のやせがまん」であり、イコール「男の粋」である。終始一貫、この美学で生きた車寅次郎こそ繰り返そう、男の中の男だ。

コンプライアンスなき時代の男を鼓舞する言葉に育まれた

この作品から2年遡る昭和54年、昭和の名曲が誕生した。昭和後期世代の最大のヒーローのひとりであり、憧れの男、沢田研二が送り込んだ「カサブランカ ダンディ」である。

現代社会では完全に不適切なストーリーで構成して、ふたつの決めゼリフへと導いていく。

「男がピカピカの気障（キザ）でいられた」

そして寅とまったく同様のキーワードながら、こちらは昭和後期世代に突き刺さった。

「男のやせがまん粋に見えたよ」

「カサブランカ ダンディ」は、昭和後期世代の多くが夢中になった、宮藤官九郎によるテレビドラマ『不適切にもほどがある!』でネタにされた。クドカンは昭和45年生まれの昭和後期世代である。

歌い出しの「ききわけのない女の頬を 一つ二つはりたおして」に対して「はいだめー。

もうこれパワハラっていうかDVじゃん」として、コンプライアンス違反の烙印を押す。

このシーンは、昭和後期世代にとっては痛快だった。現実社会ではNGなのを、トップアイドルがお茶の間に届けていたのだから。目くじらを立てた女はいたかもしれないが、ほとんどがうっとりと受け止めた。

筆おろし前の14歳だったが、この歌詞の結論を強く受け止めた。男には〝やせがまん〟が必要で、それによって〝粋〟に輝き、だからキザでいられるのだと。心に刻み、成長と共に噛み締めたのである。

少々余談を含む。

この曲の「ボギー」は、映画『カサブランカ』におけるハンフリー・ボガードの愛称だ。

『カサブランカ』は昭和17年の作品である。奇しくも円谷英二が戦意高揚映画の『ハワイ・マレー沖海戦』を完成させた年だ。

さらに挙げると昭和17年は、標語募集企画が国と新聞社によって展開されて「欲しがりません勝つまでは」が流布された年でもある。

片やアメリカでは「君の瞳に乾杯」なんてセリフを、ピカピカでキザな男が銀幕の中で放っていたのだ。

戦火の中にあった両国を比較するのが、バカバカしいほどの開きである。

「カサブランカ ダンディ」は、昭和54年に衰退し始めていた〝男〟たちを憂えて、昭和17年の映画主人公へと想いを馳せて作られた。

歌ったジュリーは昭和23年生まれの発展請負世代だ。日本歌謡界の、まさに発展を請け負った沢田研二は、後章でも活躍いただく。

曲ではウイスキーを小瓶から口に含み、ぶちまけるパフォーマンスを披露して、男たちに夢を見せた。

昭和後期世代が後に、背伸びしてウイスキーを嗜(たしな)んだこととと無関係ではないはずだ。カッコよすぎたから、からくて苦い酒を〝やせがまん〟して呑んだ。まだケツが青かったから〝粋〟には程遠かったが、男になりたかったのだ。ピカピカのキザにもなりたかった。

そんな風に、昭和後期世代の男たちに大きな影響を残した詞を紡いだ阿久悠は昭和12

年生まれの戦争体験世代で、終戦時の彼は8歳だから、記憶にはしっかりと残っているはずだ。

この世代は戦争憎しの感情が強い男が多く、同じ戦争体験世代でもどこぞのバカの父親のように、自分が戦争に行っていれば勝てたなどとは言わない。昭和一桁と二桁の微妙な差異とも捉えている。

二桁世代は、圧倒的なアメリカの国力を体現しているし、思春期にはアメリカ文化を受け入れた。

〝衰退し始めた男〟と前述した。世は軽薄短小へ本格突入していた昭和54年だ。男たちが女のケツを追いかけ回した時代が来た。少し以前の昭和45年に生まれた名コピー「男は黙ってサッポロビール」は、たかだか9年後に通用しなくなった。

これに憂いを発出してくれた阿久悠と、見事に演じ切ったジュリーこそやはり男だ。リアルタイムで目の当たりにできた、昭和後期世代は幸福である。

愛する人のために死ねるか？　昭和後期世代へ強く問うた

数々の名曲を放った沢田研二の曲でもうひとつ、昭和後期世代に男とはなんたるやと強く提示した曲がある。

「ヤマトより愛をこめて」だ。

「カサブランカ　ダンディ」より遡る昭和53年の夏、手前味噌ながら中1の多感な頃に受け取った曲だ。この曲も阿久悠のペンによるもので、ジュリーの歌唱でなければ成立しない。

言わずもがな、この曲の完成度と意義を高めたのは映画『さらば宇宙戦艦ヤマト　愛の戦士たち』であり、逆にこの名曲によって作品は昇華した。安っぽい言い方ではあるが、奇跡的なコラボだ。

阿久悠の言葉とジュリーの歌唱、そして作品の義侠心や自己犠牲の精神が完璧なまでに絡み合っている。

昭和20年4月6日に、戦艦大和は沖縄への特攻作戦を命じられ、翌日にアメリカ軍により沈没させられた。多くの犠牲者を出したそのままに、宇宙戦艦となっても特攻作戦が展開された。

『さらば宇宙戦艦ヤマト　愛の戦士たち』でも犠牲者は多く、男のなんたるかを特攻に次ぐ特攻で表現している。

最後の特攻を決心した古代進の横には、息を引き取った森雪がいた。古代の左手は肩を抱き、右手は手を握る。ここで発せられたセリフが、多くの昭和後期世代の胸に焼き付いているはずだ。思い起こしていただきたく記しておく。

「雪、やっと二人きりになれたね」で始まる長いセリフは、「雪、好きだ。大好きだ。大きな声で言える。雪、僕たちはこの永遠の宇宙の中で、星になって結婚しよう。これが二人の結婚式だ」と結ばれた。

作品から発せられたメッセージは、「君は、愛する人のために死ねるか」だった。

多感な頃の、胸の深いところにこのメッセージが示す至上の愛と、男の生きる意味を提示してもらえた。

男とはど根性から成立する　幼少から毎日刷り込まれた

昭和後期の価値観とは、男は男らしくあれ。女が女らしく輝くために生きよ、だった。

この一文が現代では不適切に響いてしまうのが嘆かわしいが、堂々と言い切れることにご賛同いただける方のみ付いてきてくだされればよろしい。批判のための批判をしている輩(やから)とは、完全決別する覚悟で発している。そもそも「男は男らしく生きよ」なんて章を作ることを、社会はアウトだとするのだろうから振り切るしかない。

男は男らしくと言い切る正体は、まだまだ多岐にわたる。スピードアップして論じたい。

幼少期に精神のベースに受け入れたのは、正義に生きる男たちだ。

『仮面ライダー』に代表されるヒーローたちから、どんなピンチにも諦めない不屈の精神を学んだ。「はじめに」でもふれた「キャシャーンがやらねば誰がやる」は、昭和後期世代男子たちに強く深く染み付いている。

自己犠牲を厭(いと)わないし、正義のためなら滅私奉公である。後に企業戦士となり、24時間戦えた精神を幼少期に植え付けてくれた。

やがて少年期になると、現実味を帯びたヒーローに男を見出していく。数多く生み出したのが、梶原一騎だ。

根性こそが男の源泉だと植え付けた。その根性が下敷きになった努力が何事も超えていくはずなのに、だが勝負とはシビアなのだと教えてくれた。

ライバルとの切磋琢磨と芽生える友情、師弟関係の信頼や親子愛などなど、昭和の価値観が多く内包されている。梶原作品は、多くがアニメ化されて再放送でもパワープッシュされたから心の蓄積は多い。

梶原作品以外にも、子供向け番組の多くが根性を前面に打ち出して、男のなんたるかを説いていった。

人間以外にまでも活用するのだから恐れ入る。

「ど根性ガエル」は、この世で一匹の平面ガエルである。

主題歌では「根性　根性　ど根性」と連呼する。こうも前面に出されると、その大切さをすり込みたい大人たちの愛に頭がさがる。

さらにさらに、ロボットまで根性を唱えた。

「がんばれ‼ ロボコン」である。こちらも主題歌で凄まじいまでの根性論が提唱される。

「ロボットだけど思いこんだら命がけ」

なんと「巨人の星」同様に「思い込んだら」を使う。

「一押し二押し三に押し 押してだめでも押し破る」と続けるのだから、壮絶レベルである。

原作と共に、この詞も石ノ森章太郎ペンによるもので、『仮面ライダー』を生み出したのと同様に、子供たちに己の信じる大切な要素「不屈の根性」を送り込んだ。

「がんばれ‼ ロボコン」は、キャッチフレーズに上杉鷹山(ようざん)の名言を盛り込む。大人たちの愛と教育マインドが見える。

「なせばなる なさねばならぬ なにごとも」

この名言を小学生に自然と押し込んだことで、後に鷹山の聡明(そうめい)さを身近に感じることができた。

これらすべて、幼少期から少年期にブラウン管から徹底的に刷り込まれ、鍛え上げられた昭和後期世代である。

お茶の間を騒然とさせた男たちの本気の生き様

青年期を迎えると、リアルの存在に傾倒していく。人それぞれに、次々と男を見出しては吸収していったはずだ。これもめいっぱい偏った人選で書き綴る。

10代半ばになった。社会に対する反抗期で、心が混沌としている時期だ。ある日の深夜、ブラウン管の中で蠢(うごめ)いている男を目撃した。聞いたことのない類いの声と、毒々しい言葉が並べられたロックだった。やたらと強い生命力を感じた。

忌野(いまわの)清志郎が率いた、RCサクセションだった。

かつてタクトを振っていた雑誌『昭和40年男』では、覚悟を決めてキヨシローの写真を表紙に起用して、巻頭特集のメインキャラクターに据えたことがある。

覚悟としたのは、キヨシローの歌は癖が強く、加えてあのド派手なコスチュームや行動、放送事故まで起こした言動など、嫌悪感を持つ者は少なくなかった。編集部からも、この起用には反対意見が出た。

だが断行したのは、偏った思いを今こうして綴っているのと同じ心境だ。

キヨシローには熱と愛、それを支える男の強さの三拍子が揃っている。昭和40年に生まれた男にとって、象徴的な熱源だとした。

RCは日本の音楽シーンの変革期を、誰に擦り寄ることなく背負ったのだと捉えている。

アンダーグラウンドシーンに個性はゴロゴロとあったが、メジャーシーンで、あえて総称すれば歌謡の世界で、あんな声であんな歌詞をがなり立てるシンガーはいない。歌謡界の中心はブラウン管の中にあり、そこへと規格外で打って出て昭和後期世代を強く刺激した。

異様なまでの違和感を醸して、人気歌番組の『夜のヒットスタジオ』に出演した。オープニングのリレー歌唱からはみ出ていた。

RCの演奏が始まるとキヨシローはガムを噛みながら登場して、途中で吐きだして大問題になった。

チャボも負けずに〝ロック〟な振る舞いで大暴れして、当時のお茶の間が経験したことのない熱を届けた。

親たちのしかめっ面が痛快だった。常識ってやつを何かと振りかざす社会に、本気の生き様で立ち向かうＲＣに強く共感しながら受け入れた。

ほら、オレもキヨシローも物静かな男だから

キヨシローの盟友である、仲井戸〝チャボ〟麗市にインタビューさせてもらった。昭和25年生まれの発展請負世代だ。

キヨシローがこの世を去った翌々年の２０１１年12月、冷たい雨が降る日だった。別れの整理がまだついていないのだろう、時折涙を見せた。心に強く深く残る時間だった。

「チャボさんとお呼びしていいですか」「いいですよ、チャボでいいです」から始まった。

シンガーのＳＩＯＮと酒の席をご一緒した際、「ロック界一のいい人」と称したその

ままの、柔らかな物腰だった。ＲＣの毒々しさも、大暴れするステージングも、ままある不適切な歌詞の曲も、全て真逆のような男だった。

チャボがリードヴォーカルを務め、ＲＣ全盛期のライブでの人気ナンバーだった『チャンスは今夜』では、ツアーを追っかけてくる女の子に「Hey Hey 相棒 女の部屋に忍び込んで 悪さしようぜ 今夜」と歌う。不適切である。

「そんなことできたらいいなあ、って唄だよ。ほら、オレもキヨシローも物静かな男だから」

と、照れくさそうに笑った。

「ＲＣの熱が少年時代のキミたちに伝わったんだとすれば、それは、俺たちが音楽が好きで、それだけを求めてやってきたからだと思う」

「俺たち、ライブ終わった後呑みに行かないの。皆派手に遊び回っている姿を想像してくれるけど、キヨシローの部屋に集まってその日の録音を聴くんだ。それで明日はこうしようああしようと話し合う」

道を探求する真面目な男たちが、シンプルにロックしていたのだ。

２時間近くにわたったインタビューを終え、雨の中へと歩き出したチャボの背中を見送っていると振り向いた。すると改めて駆け寄ってきて、握手を求めてくれた。

そして何度もライヴで見たあの姿を見た。片手を上げて笑顔を観客席に投げながら舞台袖へと入っていくように、再び雨の中へと戻っていった。アンコールを終えて、もう振り返らない彼を見えなくなるまで見送った。

「愛し合ってるかい？」

キヨシローはいつも問いかけてくれた。彼の表現のど真ん中には、人々が愛し合うことを願う本気があった。

キヨシローとチャボ。

日本一かっこいいロックコンビだ。ガキどもに本気で男の生き様を打ち込んでくれ、夢見ることと自由を信じる大切さを教えてくれた。魂のこもった熱い言葉の数々に、男の中の男を刺激し続けてもらった。

街中のガキどもにチケットがばらまかれた
ドカドカうるさいR＆R（ロックンロール）バンドさ

第4章　ブラウン管が昭和後期の主役

オリンピック開催に乗っかって街の電器屋さんが開店

テレビこそ、昭和後期を語るのに譲れない圧倒的な主役だ。俺たちはテレビによって育った。テレビによって大きくなった。娯楽と情報の中心であり、仲間とのコミュニケーションにおいても絶対的な存在だった。

それらは番組、つまりソフトからもたらされたが、まずはハードからざっくりと追いかけてみよう。

戦前、開発に取り組んできた男がいた。高柳健次郎博士で、1926年12月25日にテレビ放送実験に成功した。これは世界初の快挙だったのだ。

しかもこの日付に激しく心が動くではないか。奇しくも昭和元年がスタートした日である。この偶然を偶然と片付けないのは、昭和ジャンキーゆえの性だ。

ブラウン管に映し出されたのは、いろはの「イ」だった。昭和15年に予定された東京オリンピック放送のために開発を進めた。オリンピックは中止になり、開発も戦争でたち切えになってしまう。

世界初放送の栄冠は、昭和10年のドイツに譲り、翌年のベルリンオリンピックで、世界初の中継が実現した。

国内初の本放送開始は、昭和28年にまで遅れた。2月1日午後2時、NHKによって日本初の放送が始まった。

当時の17インチの白黒テレビは29万円（昭和29年の公務員の初任給が8700円）で、とても手を出せる価格でなく、NHKの契約者も当初900世帯に届かなかった。

そこで民放が仕掛けた。

日本テレビはこの年の8月より街頭にテレビを設置して、多くの視聴者を集めた。その放送に対して広告収入を得る、現在に至るビジネスモデルを確立したのだ。

テレビは生活の中でその価値を高めていく。当時の国民にとっては、大きな行事をリアルに感じたく、きっかけにして手に入れてゆく。ビッグイベントごとに普及が進んだ。昭和34年に当時の皇太子殿下と美智子様のご成婚時には、清水の舞台から飛び降りる覚悟のごとく、高額の白黒テレビを手に入れた。

この年、東京オリンピックの開催が決定した。メーカーはここにさらなる商機を見出し、開発スピードを上げた。そして何を隠そうワタシは、東京下町荒川区の電器屋「北村テレビ商会」に生まれ育った。

カラータイマーの大発明と万博がカラー時代のスイッチを入れた

4軒がつながった長屋だった。
「北村テレビ商会」以外に、酒屋、大工、写真館が入る、商業長屋であり住まいでもあった。決して裕福でない中流以下だったかもしれないが、ご飯だけはいつも腹一杯食えた。

親父は、昭和34年の5月26日のオリンピック決定を受けて決心したのだろう、昭和35年に商売をスタートさせた。テレビを売って売って売りまくってやろうとの思いを込めて、〝テレビ商会〟だった。

今となって後悔するのは、昭和や戦中戦後にまつわる多くのことを聞けなかったことだ。29歳の時に逝ってしまった。貴重な昭和についてのソースのはずだったのだが。

昭和後期の発展を支えた、街の小売店の様子も含め記憶を呼び起こす。親父の持論が多く入り込む。

電器屋は古い順から「○○無線」「○○ラジオ」と続き「○○テレビ」に至った。そこに電気・電器・電機店が並走するのだと、小学生になった筆者に常々説いた。昭和35年に開店したのだから、当然ながら〝テレビ〟だ。この年はカラーテレビが発売された年でもある。昭和39年の五輪に向かって、開発スピードが上がっていた。

カラーテレビは50万円と超高額で発売されたが、年を追うごとにカラーの放送も増えていき、歩調を合わせるように価格も手の出しやすいところに至る。

オリンピックを迎えた昭和39年頃には、新三種の神器にカラーテレビが入る。本格的にカラー普及時代へと至ったのだ。

販売にさらに拍車をかけたのが万博で、チェンジャーとなり普及率を伸ばしていった。文字どおり万国の博覧会であり、パビリオン中継やカラフルな衣装をカラーで観たいとのニーズが高かった。

ここで昭和後期世代へと視点を移すと、カラーテレビに心奪われる発明があった。ウルトラマンのカラータイマーだ。初めて点滅したのは、昭和41年の7月17日のことだった。昭和42年に続いたウルトラセブンでも、カラータイマーは点滅した。

大人たちには世界の夢を見せ、ガキどもにも同様に夢と憧れを供した。

昭和後期元年に到来したカラー時代の赤マフラー

迎えた昭和46年の後期元年には、NHK総合の放送がすべてカラー化された。カラー受信契約は1千万件を超えた。第1章で昭和後期よりカラフル志向が始まったとしたのに、この事実は大きい。テレビは絶対的な生活必需品であり、必要な情報のすべてが詰まっていた。カラーで届くのとそうでないのとでは、生活への影響は計り知れない。

ガキどもにとってブラウン管の主役はヒーローであり、昭和後期元年は2大キャラクターがカラーで大活躍した。

昭和後期元年に放送が始まった『仮面ライダー』は、カラーテレビ時代の到来に合わせたように、赤いマフラーがイカしていた。

昭和43年に途切れたウルトラマンシリーズの再開もあった。まるでそのままにタイトルされた『帰ってきたウルトラマン』が、再びカラータイマーを点滅させた。カラーテレビの普及データで見れば、昭和後期世代男子の多くが『帰ってきたウルトラマン』で初めてタイマーがカラーになったはずだ。

筆者の記憶が6歳から鮮明なのは、カラーで活躍したこの2大ヒーローによるかもしれない。昭和後期元年の奇跡だ。4月2日の『帰ってきたウルトラマン』、翌日の『仮面ライダー』と、連続して放送がスタートした。

こうして追いかけてみると、大阪万博において確立したインフラとソフトの関係とテレビは酷似している。

当初ハードの発展が先行して、世界に追いつき追い越せとなる。そこに入れるソフト、つまり番組の創意工夫が百花繚乱状態となり追いかけた。その起点は万博を経験してソフトの偉大なる力を理解した、日本人の感性の成長だと信じたい。

何度でも力説しよう。万博は昭和後期元年へのチェンジャーなのだ。

ハードとしてのテレビの進化は、器用な日本人の得意分野だ。

昭和後期突入期はまだまだ伸び代が大きく、ユニークなアイデアが次々に注ぎ込まれた製品が市場に投入された。各メーカー開発者は知恵を絞り夢を見て、製品作りに没頭した。

テレビに限ったことでなく、昭和後期の家電製品は暮らしを向上させる進化の時代だった。世界をリードしていく技術を次々と生み出し、家電全般が昭和後期を引っ張った。自動車と並び繁栄の両輪であり、日本のツインエンジンだ。自動車は現在でもなんとか譲れないお家芸ながら、家電においては世界にキャッチアップされてしまったのが残念でならない。「北村テレビ商会」で育った男としては、今なお悔しさが募る。

街の電器屋としては当時珍しい、メーカー併売の店だった。現在パナソニックの松下電器産業とシャープを、親父は売りに売った。おまんまを食わせてもらった2大メーカーであり、我が兄弟を育んでくれたのだ。そのひとつであるシャープが、２０１６年に台湾企業の傘下に入った時は、ことさら悲しみを味わった。

ブラウン管の中に求めるヒーローが変化する成長

『仮面ライダー』と『ウルトラマン』によってテレビの魅力に取り憑かれ、以後次々と登場するヒーローたちに心を踊らせた。

まだアニメと呼ばれる以前の、テレビまんがや特撮ヒーローものを、大人たちは手を替え品を替え懸命になってガキどもにぶっ込んだ。テレビまんがの2大巨頭『デビルマン』が昭和47年7月に、『マジンガーZ』が同年12月に放送が始まった。永井豪によるビッグキャラクターだ。

昭和20年生まれの発展請負世代である。戦争の記憶はない。

円谷英二と石ノ森章太郎にとっては、影響の受け方こそ異なれど敗戦は大きな共通項で、2大ヒーローに滲み出ている部分がある。永井作品にはそれがなく、この差異がごちゃ混ぜになっているのが昭和後期のヒーローたちだ。されど共通するのは、子供を喜ばせたいとの大人たちの深い愛だった。

幼少時にヒーローとして君臨したのは、正義の味方や梶原ワールドに代表される努力の男たちだった。だがやがて、成長に合わせて、ヒーロー観に変化が起こる。リアルを求め始めたのだ。

土曜の夜8時に、粉骨砕身する巨星を見つけた。ドリフターズだ。

仮面ライダーシリーズはV3まで付き合った。だが、昭和40年に生まれた男が小学3年生になった昭和49年のXは記憶にほぼない。昭和後期元年に〝帰ってきた〟ウルトラマンも、同年スタートのレオの記憶はほとんどない。個人差は大きいと思われるが、偉大なるヒーローがドリフターズに取って代わった。

偶然にもこの年、ドリフターズに大変革が起こった。荒井注に代わり、志村けんが正式に加入した年なのだ。

幼稚なバカ者が人生で初めに描いた夢が、仮面ライダーになって正義に貢献することだった。次に小3にして描いた夢が「ドリフターズの一員になる」だった。志村けんの加入は、〝あり得る〟と信じさせる大変革だったのだ。

余談ながら、小5の時にはTBSのスタジオに『ぎんざNOW!』の、しろうとコメディアン道場のオーディションを受けに行っている。天才少年現ると騒然となる予定をしていたが、あっけなく散った。

この私事を持ち出して言いたいことは、昭和のブラウン管は少年に夢を見せ、尊い経験をさせた。それほどの存在だったのである。

日本最後の〝連帯責任世代〟が圧倒的に支持した土曜日

ドリフターズの魅力こそはチームワークであり、昭和後期世代はここに惹きつけられた。少し以前のクレージーキャッツは天才集団であり、個々の力が前面に出ているグループだった。

ドリフターズも、「なんだバカヤロー」の天才、荒井注が在籍した時代は、〝個〟がチーム力よりやや前面に出ていると感じさせる。クレージーキャッツ的だった。

志村けんの加入当初は『8時だョ！　全員集合』の視聴率が低迷する。だがやがて、志村のギャグ力が増しながらチーム力も高めていった。その変化をブラウン管より心眼で受け取った。

『8時だョ！ 全員集合』におけるドリフは、〝個〟プラス〝個〟が5つで引き出しあいながら、まるでコンマ何ミリの隙間もなくはまり、完璧なチームへと昇華した。5人という大人数でありながら、それぞれの押し引きの調和がこれほどまでに完璧なチームは、お笑いの世界で後にも先にもおるまい。

この奇跡の過程を、小学低学年から高学年に成長していく中で自然と受け取ったのだ。メンバー全員が体当たりで番組作りに邁進する姿に、誰1人欠けてはならない絆を知った。

現代のように個性こそが最重要だとの空気は、昭和後期世代がガキの頃はまだ強くはなかった。力を合わせて結果を出すことの美徳を、家庭も学校も地域も熱心に説いた。日本最後の連帯責任世代であることも、ドリフの熱狂を支えたのだ。

強固な結束から生まれる笑いを、笑いとしてだけでなく受け取ったのはまさに心眼である。

コーラスを担当した女性コーラスグループ「コールアカシア」に所属していた、川崎由美子さんに話を聞いた。

昭和56年頃から最終回まで、毎週土曜日の12時に会場入りして、リハーサルから生放送の本番終了まで過ごした。

彼女は登場がない、冒頭コントのリハーサルをいつも見つめた。

メンバー5人は真剣そのもので、改良を加えながらリハを進行させる。大道具や美術スタッフ間でも怒号が飛ぶことがしばしばあったそうだ。裏方も含め、一人ひとりの番組に対する気持ちの強さを肌で感じたと言う。

リハーサル合間の休憩で見えてくるのは、メンバー総じての真面目さとやさしさ、周囲への気遣いの高さだった。本人いわく、たかがバックコーラスさえも大切な共演者として扱ってもらえたそうだ。

本番直前に志村さんから、「緊張してない？」と、ほぐすように笑顔で声をかけてくれたと振り返る。

すごい番組ができるのはこういうことなのだと、毎週欠かさず過ごした昭和の現場を懐かしみながら話してくれた。

80年代の到来で変容した日本が葬り去った土曜の王者

日曜を挟んだブルーマンデーの教室は、ドリフの話題で独占された。

昭和後期世代の中で、さらにベルトは狭められるが、昭和40年生まれとその周辺わずかな世代こそが、ドリフターズの絶頂期世代であると、偏った主張をする。

『8時だョ！全員集合』が、50・5％という驚異的な視聴率を叩き出した荒井注時代は、少し上のお兄様方の支持であり、カトちゃんけんちゃんやバカ殿世代と呼ぶなら、下の方々に譲る。が、志村けんの加入間もなくからがドリフ最強期だと胸を張り、ドリフ世代なのだと主張させてもらおう。前述した、チームとして練り上がっていった時代の目撃者だからだ。

時は流れて1980年（昭和55年）代に突入すると、〝個〟を重んじる社会へとまるで舵を切ったように日本は変容を始めた。

笑いも同様に〝個〟の力で押す『オレたちひょうきん族』が、昭和56年5月16日にスタートした。

じわじわと人気を集めていき翌年の10月ついに、長きにわたり土曜のキングに君臨した『8時だョ！全員集合』を視聴率で抜く。

17歳の秋だった。

ドリフからもお茶の間からも離れていた年頃だが、この事象を知り、えもいわれぬ悲しみを感じた。軽薄短小ジャパンへと加速したのだ。

昭和60年9月28日、『8時だョ！全員集合』は終了した。昭和44年から16年の歴史にピリオドを打った。

嫌われたら嫌われたでいい、切り捨ててしまえ！

２０１１年のことだ。加藤茶から話を聞け『昭和40年男』のｖｏｌ．９にて記事にした。笑いの鉄人は、物静かで柔らかな人だった。

「『8時だョ！全員集合』が終わったことが大きな転機にはなりました。もうね、16年間もやってくるとね、ほんとに嫌になってくるんですよ。同じことをやっているのが。

新しいことをやりたくってね。みんな『寂しい』とか言ってましたけど、僕は違いましたね。やっと『全員集合』から逃げられる、また違うことができるという感じでした」

その後半年の構想期間を経て『加トちゃんケンちゃんごきげんテレビ』がスタートした。6年にわたり再び、土曜日8時に騒ぎを起こした。

この構想期間を、精神状態がギリギリのところまで追いつめて、悩みに悩んだと振り返った。そして「悩まないといいものは浮かんでこない」と、その笑いに対する真剣な取り組みを聞くことができた。

RCサクセションのチャボが話してくれたのと同様、その存在が放っている印象と取り組みの実直さにギャップを感じてしまう。だからこそ、時代を築けたのである。その佇まいは酷似していた。

『8時だョ！全員集合』は、PTAから低俗番組とのレッテルを貼られた。食べ物を粗末にするなどの抗議を受けたり、番組サイドに苦情が相次いだ。その数毎週200人ぐらいだとの報告を受けてこう返した。

「じゃあ、喜んでくれてる人たちは何百万人いるの？　そうね〜、勘定できねぇかな〜

って。だったら、その200人は切り捨ててしまえばいい。嫌われたら嫌われたでいい。俺たちはそういう気持ちでこの番組を始めたんだからと、無視することに決めたんです」と。

前章でもふれた、おっかなびっくりな昨今のテレビが言えないセリフだ。苦情には過敏に、マイノリティに寄り添って。これがまるでスローガンのような昨今のテレビだ。ブラウン管の時代よりも、映像は格段にくっきりはっきりになったのに、肝心なことをボカしまくった番組が多すぎる。

だからテレビが時代をリードすることはできなくなった。テレビを愛してきた昭和後期世代にとっては、もどかしく悲しい。

繰り出した愛のムチ　後は強く抱きしめるのが昭和後期

前章冒頭に登場した暴力教師のおかげで、教員になりたいとの気持ちが芽生えた。ただ、夢へと推進させる意思はこの時点ではまだ弱かったが、やがて決心させたヒーローが現れる。ブラウン管は三度、バカな男に夢を与えたのだ。
仮面ライダー、ドリフターズに続くそのヒーローとは、北野広大と坂本金八である。愛のムチとなったグーパンチの恩を忘れず、中学に通い始めた秋に北野広大が登場した。

小学3年生の生徒たちに対し、どこまでも本気で接する姿勢に熱くさせられた。「傷だらけの天使」で感じた、純朴ながらちょいとチンピラな水谷豊ではなかった。「熱中時代」では、まっすぐな正直者、どこまでも深いやさしさをまとったヒーローだった。グーパンチ教師も北野広大の明るさに似ていたから、背中を強く押してくれたのだ。

さらに坂本金八だ。『3年B組 金八先生』の第2シリーズでのシーンが、教師への夢を決定づけた。それほどの影響を受けたのは、美しき愛のムチである。

同世代にとって、胸に深く刻まれているのは「腐ったミカンの方程式」のシーンではあるまいか。

スローになった映像で、中島みゆきの「世情」が流れ、直江喜一が演じた加藤優が手錠をかけられた。この時の、さもやり切ったのだと抵抗しない加藤の態度と表情は、名演中の名演である。

本人にとってもこの逮捕から連行のシーンは思い入れが強い。

直江に話を聞いた。『昭和40年男』のｖｏｌ．16での取材現場だ。

「連行される時に金八先生を見る目。あれは芝居なんかしてないよね。『先生、俺たちのためにありがとう。でももういいよ』っていう気持ちを目で語った」と振り返る。

転校生として登場した回から積み上げてきたものが、全部あのシーンに集約された。

「もうあんな顔はできないね」

「世情」シーンは進み、護送車に乗せられて走り出した加藤の背後では、我が子をひたすらに追いかける母親の切なさがあり胸に響いた。

そんな名シーンの数々を締めくくった愛のムチこそ、小6のグーパンチの感動を思い起こさせた。

警察から釈放された加藤と沖田浩之が演じた松浦悟を、グーではなかったが金八は本気で殴った。2人を抱きしめて「お前らは俺の生徒だ」としたシーンは、恥ずかしくも今でも号泣してしまう。

生じた迷いは、北野広大の小学教師か、坂本金八の中学教師かであり、もう心は教師になると完全に決まった瞬間だった。

第二シリーズは、ピタリとタメ年たちのドラマだったから影響は大きかった。受験シーズンとも重なり、高校は教師になるために行く場所になった。

くどいようだが、昭和後期世代にとってテレビとは、ガキどもの人生までを左右する魔法の箱だったのだ。

戦争体験世代から発展請負世代への見事なリレー

中2の時に始まった第一シリーズでは、中学生がまさかの妊娠をする。「15歳の母」だ。奥手だった男子は、エロエロな妄想ばかりを繰り返していたものの、おしべとめしべの正確な実態にまでリーチしていなかったから、衝撃的だった。

脚本を手がけた、小山内美江子は昭和5年生まれの戦争体験世代だ。金八を通じて、たくさんの愛を送り込んでくれた。

生前に話を聞けた時のその言葉や表情には、生徒たちに本気の愛情を持って接する教師そのものに感じられた。凛としていてやさしい、慈悲あふれる昭和の女だった。

「15歳の母」では、金八をはじめとした教師たちが性教育に熱心に取り組んだ。

小山内はこのシリーズについて、現実を少年少女たちにきちんと知ってほしかった。『愛があれば乗り越えられる』なんて格好だけつけたようなことを言う人がいるが、子育てはそんなに甘いものじゃないと、『昭和40年男』ｖｏｌ．５の取材に対して語った。

そして命の由来を知ることによって自分の、そして相手の命も大切に思ってほしいと続けた。

君たちは実に稀にしか生まれなかった存在なのだと、金八先生に言わせたかったとしている。

戦争体験世代よりの深い愛を、発展請負世代の武田鉄矢に託し続けた。単なる代弁でなく、彼も捨て身になって我々世代を導いた。

「腐ったミカンの方程式」で、加藤と松浦を殴ったのはアドリブだったのだ。加藤と松浦の背後にいた生徒の表情が示している。

ここまで、極端に絞り込んでテレビについて綴ってきたが、影響を受けた番組は数知れずである。刑事も探偵もかっこよかった。家族の絆や男女の愛のあり方、情報ツールとしても音楽やファッションなどテレビが中心だ。

昭和後期世代はテレビ全盛時代に育ち、夢を描くことができた。大人たちの本気によって、よりよい人生を目指し続けた。

当時のすべてのテレビマンたちに感謝申し上げる。

第5章　エロエロ狂想曲

昭和後期世代のエロ魂は〝純〟と〝ロマン〟でできている

「最近はエロが足んねぇ Why?」

桑田佳祐が２０１６年の6月29日にソロで放った、名曲であり迷曲「ヨシ子さん」の一節である。ラストを「ニッポンの男達（メンズ）よ Are you happy?」で締める。

昭和31年生まれで、本書の定義するところの「センス確立世代」で、まさしく昭和後期世代のセンスの手本であり、広く日本においてもその役割をまっとうしている。「ヨシ子さん」は、彼が還暦の年に出したメッセージだ。強く共感するとともに、最近のエロが足りないメンズを不憫（ふびん）に感じる。草食系男子などという言葉が生まれたことが信じがたい。

昭和後期世代男子にとって、エロは入手困難なコンテンツだった。それでも諦めることなく求めた。

ありがたかったのは、コンプライアンスのなかった時代のテレビだ。ブラウン管の中にエロがあふれていた。ゴールデンタイムでさえも散見されたのは、ガキどもへの性教育だったのだ。

前章では真面目にテレビを論じたが、昭和後期世代にとってはむしろ、テレビの功績はエロにあると言っても過言ではあるまい。

過激な動画がスマホを通じてカンタンに手に入ってしまう現代とは異なる、名付ければ「純エロ」である。ポルノが「ロマン」だった時代である。

過小なエロネタを得ては、脳内で活性させ妄想した。悶々とするのを繰り返しながら成長したのだ。この逞しい想像力こそが「純エロ」であり、昭和後期世代のエロスピリットである。

ガキから青年へと、性の五里霧中でもがく成長過程で、過激なのがもろに見えてしまってはこのスピリットは育たない。

何においてもそうだ。ハングリーな状況からの脱却を目指すことで、男は逞しく成長する。

桑田が心配するような状態は生じない。あり得ない。

ガキの頃のまだ男と女のなんたるかがわからない頃から、テレビを中心にしてラジオや雑誌が妄想力をかき立て続けた。

奇跡的な巡り合わせによって大人の階段を登れた

昭和後期世代の、奥ゆかしき「純エロ」を、追いかけてみよう。

生まれ年が異なることで納得感には差異が生じてしまうと思われるが、昭和40年に生まれた健全な男子をサンプルにさせてもらうわがままをご容赦くだされ。

まだ小学校に上がったばかりのガキに、生まれて初めてエロを意識させたのは、永井豪だった。

『デビルマン』『マジンガーZ』『ゲッターロボ』と立て続けに、ガキどもを新しい世界観で虜にした。天才の仕事である。

彼の天才っぷりはさらに、エロまでをも請け負った。昭和後期世代にとっては大恩人だ。

人生初のエロ興奮かも知れない。

「ハニー、フラッシュ」だ。やはりテレビは偉大である。

その瞬間にふれたのは、小学2年生の秋だった。水泳の授業では、女の子と一緒に着替えをしていた頃だ。

3年生になるまでの間は、ドリフターズを裏切ってエロに没頭した。

この日より長い長いエロ探求の旅を始めた昭和後期世代は、今も逞しくその旅路にいるだろうか。「最近はエロが足んねぇ Why?」と言われない男で居続けているだろうか。

エロからちょいとそれるが、『キューティーハニー』にまつわる奇跡が生じる。

『キューティーハニー』が最終回となった昭和49年3月30日は、荒井注が『8時だョ！全員集合』から抜けた日だ。翌週からは、『キューティーハニー』が放送されていた土曜日夜8時半枠と、その前8時の『キカイダー01』枠が合わさりドラマになった。おかげで志村けんのドリフに、脇目もふらず夢中になれた。

この巡り合わせを小学3年の春で迎えたことは、手前味噌ながら昭和40年生まれは持っていると胸を張る。

初のクラス替えとなった昭和49年は、記憶の鮮やかさも格段にくっきりはっきりとする。幼児からの脱去を迎えたのが昭和後期元年で、3年を経て段差の大きな階段を登ったのが小学3年生への進級だった。その直前で、成長のブリッジ役となったのが「ハニー、フラッシュ」だったのだ。

海の向こうからやってきた衝撃——2人のエロキャラ

おしべとめしべに辿り着くまではまだ程遠いガキに、キューティーハニーに続く刺客が海の向こうからやって来た。「エマニエル夫人」だ。これも昭和49年の出来事なのだ。ドリフもギャグにするほどメジャーなタイトルだった。だがいくらドリフでも、ポスターやパンフに使われたあの画像を、ガキどもに見せるほどネジは外れていなかった。

鍋に芋が煮えている画像で、「イモニエル」で落としたのは秀逸すぎる。

今でこそ「メイド・イン・ジャパン」は世界に誇れるブランドだが、当時はまだ舶来信仰が根強かった。そんな折に、外国の婦人が街のアチコチで裸を披露しているのは快挙だった。

そもそもあの頃は、通学路や通った銭湯にもエロ系映画館のポスターが貼られていた。それらは、昭和後期元年の昭和46年にスタートした日活ロマンポルノだった。

昭和後期世代にとって日活は、スター俳優の輩出ブランドでない。戦争体験世代にとってはそうなのだろうが、親が往年のスターを指して「日活」という単語を口にすることが、不適切に感じた。日活とは、ロマンポルノブランドである。

一定期間を経て刷新されるそのポスターの刺激たるや、成長過程において大きなビタミンだった。いや、すくすくと大きく育てた炭水化物だ。ありがたや。

時は流れてまたもや、海の向こうから「純エロ」が飛んできた。「エマニエル夫人」襲来の翌年、小学4年になった昭和50年のことだ。舶来のダイナマイトボディに、再び日本は翻弄させられる。つぶらな瞳で小麦色のアグネス・ラムだ。

モデルとして活躍した雑誌『non-no』は手にしていないものの、数々のCMからその美貌を眺めた。

昭和51年になるとブラウン管ジャックのごとし、CMで9社と契約する。旭化成、トヨタ自動車、資生堂などなど、そうそうたる企業がラムちゃんの瞳に恋をしたのだ。

この頃は、雑誌の表紙やグラビアでも大活躍した。『平凡パンチ』や『GORO』など、昭和40年に生まれた男子としてはまだ手にする前夜に、少し上の兄さんたちを直撃した。かつて作っていた雑誌『昭和40年男』で、「海の向こうからやってきた衝撃。」とタイトル付けして組み立てたことがあった。このメインキャラクターとして、堂々表紙に起用して大反響を呼んだ。営業担当に、定期雑誌ではあまりない重版の交渉をしてきてほしいとお願いしたほどだ。そこまでの販売とはならなかったが、大成功した想い出深い1冊だ。

アグネス・ラムは、雑誌編集長として自らに課していたポリシーを曲げさせた。雑誌は読み物だとの信念から、写真オンリーのページはほぼ作らない。これは『昭和40年男』に限ったことでなく、雑誌出版人生においてだ。「文字が多い」との評価を受けると「そうだよ、読み物だから」と心で喜んでいた。だがこの特集号では、まず見開きを1枚の写真で作り、めくって1枚ずつのカットで3ページ続けた。

前にも後にも、これほど連続で写真ページを作ったことはない。

アグネス・ラムの力とはこういうことなのだと、来日より40年近い時を経て知ったのだった。

昭和後期世代の中学時代――エロ本との出会い

アグネス・ラムの大ブームと時を同じくして、ピンク・レディーを名乗るお2人組のお姉さまが登場した。ケイが昭和32年生まれで、ミーも翌年の早生まれだから同学年で8つ上になる。

健康的なセクシーの巨星が同時に君臨したのだ。アグネスは昭和31年生まれで、そのままデビューも1年早い。偶然で片付けたくない並びだ。

男は狼なんだと諭された。だがいかんせん、まだおしべとめしべがわかっていない頃の昭和40年生まれだから、真意はわからなかった。

昭和後期世代の長男、昭和35年前後生まれの先輩たちは、さぞこの両セクシーをありがたく受け取ったことだろう。

さてこの頃、学校の授業で不思議な日があった。

男子はソフトボールで遊べて、女子は体育館に閉じ込められた。この奇妙な時間がなんだったのかを知るまでには、まだ少しかかる。男子はとかく成長が遅く、女の子は先に女になっていくのだ。

それを知らずにカッコつけていた男子とは、なんとも滑稽な生き物である。小学生の頃に女の子に抱く感情は、恋でなく好きで終わった。

だが中学に上がると景色が一変した。女の子たちは日に日に、より女になっていく。男も毛が生え恋をするようになる。白いブラウスに透ける下着に、ドキドキする夏の日だった。

小学生の頃は友人とエロを話すことはなかった。秘め事だった。

それが中学生になると、友人とエロな話題が入りだす。学校にエロ本を持ってくるヤツがいたし、お宝を所有する者の家に遊びに行って眺めた。

冒頭でふれた曲「ヨシ子さん」では、エロ本と連呼する部分を作っている。

エロ本からイマジネーションすることの重要性は、桑田佳祐のセンス確立世代と昭和後期世代は共通だ。この曲の本丸である、エロが足りないと指摘するのは、本からのイマジネーションを大切にすべきだと言いたいから連呼したのだ、きっと。

時間によって見え隠れする、自動販売機の表紙に胸焦がした。ドキドキしながら眺めたり、勇気を振り絞って買ったこともある。

なぜか河川敷にはエロ本が大量に捨てられていて、雨でふやけてくっついてしまったページを友達と一緒に懸命に剥がしては覗き込んだ。

言っちゃ失礼だが、後に比べると脱ぐ女性の美しさはおおかた低かった。「おばちゃんじゃん」と言いながらも興奮する。そのぐらいでいいのだ。

繰り返しになるが、性の五里霧中でもがく中学時代に、完璧な美しいヌードなど見せてはならぬ。ノーカットどころか、ヘアも隠れていたのがいい。ヘア解禁は平成2年だったから、エロ魂の成長過程をすでに終えていた。

昭和後期世代はより美しさを求めて、そして見えないその場所を求めて男は狼になれである。ハングリー・ライク・ザ・ウルフである。

「ピ・ピ・ピンク」と日本中の中学生が心で叫んだ夜

ラジオはまるで自分に話しかけてくれているかのような錯覚をする、魔法のメディアだ。眠気と闘いながら布団の中で聴く、その密室的な快感に昭和後期世代の多くがハマった。

カルチャー収集の重要なソースでありながら、まさしく「純エロ」を提供してくれた『オールナイトニッポン』は、大人の階段を登る手助けをしてくれた重要な番組だった。中学の教室で人気を誇ったのが、中島みゆきとタモリ、そしてキング・オブ・キングスは笑福亭鶴光である。

土曜日の放送終了まで付き合い「ビタースウィート・サンバ」が流れてくる。曲が終わって外から鳥の鳴き声が届いた時、人生を勝利したような感覚を味わった。ほぼ毎度、いつの間にか夢の中だ。

鶴光は昭和23年生まれの、発展請負世代だ。まさしくラジオの発展にとって最重要人物である。

映像のない世界だからこそ、エロ・イマジネーションを逞しくする。

「乳頭の色は？」と電話越しに聞く。その向こうには女子大生がいるのだ。

エロ本に出てくるプロでない。普通のお姉様が自身の声で答える。「ピンク」と。

安価なエロ本で見る黒いのではなく「ピ・ピ・ピンク」と、日本中の中学生が心で叫んだ土曜の深夜だった。

これこそ「純エロ」である。

女性アナウンサーが悲鳴をあげれば、「鶴光さんよお、今どこを触ったんだ」と心が叫ぶ。

昭和後期世代男子は、鶴光の攻めをいつかステキな女の子にしてやると夢を描いた。

鶴光自身も、実際に触ったかどうかでなく、この想像こそがラジオでは正解なのだと語っている。

エロからは離れてしまうが、鶴光はラジオになくてはならないハガキに関して、メールになってからおもしろくなくなったと論ずる。

メールはその場で書くからあまり考えないが、ハガキには考える時間がたっぷりとある。そのハガキの向こうに、書き手が見えてくるそうだ。それを読むパーソナリティに、やさしさや思いが宿るとしている。

昭和の遠吠えに聞こえるかもしれないが、令和にとってハガキやここまで述べている「純エロ」は不必要なのだろうか。これらの大切なことを見つめ直せば、草食系男子はもう少し減少するはずだと確信している。

その昔、マスプロ電工のテレビCMで「見えすぎちゃって困るのぉ」があった。透けるドレスやゴルフのミニスカート、アニメ映像だったりどれも全然見えすぎない。よって、昭和後期世代の、見たい欲望心は育つ。肉食獣の大人になるのに重要なのはやはり、奥ゆかしき「純エロ」からのイマジネーションであると断言しよう。

中学時代に正しく習得した昭和後期世代である。

深夜のブラウン管にエロ求め奮闘努力の俺たち

高校時代に突入すると、エロのレベルがグーンと上がる。おしべとめしべの正体がわかったからだ。だが経験はない。よく考えたらこの期間が、人生のもっともいい時期かもしれないと今更ながら想ふ。

昭和60年のヒット曲「翼の折れたエンジェル」は、16歳で初めてのキスをして、17歳で初めての朝を迎えた。キュートな中村あゆみによって歌われたからなんとも説得力があったし、女の子はそんなに早いのだねと、多くの男子が悔しがった。

小銭を持ち始めるこの頃の情報源に、雑誌が加わった。『GORO』と『平凡パンチ』のグラビアの、美しいヌードにクラクラさせられた。記事も秀逸で、高校時代の情報源としても大いに活用された。

だがやはり強く求めたのは動くエロであり、それは深夜のブラウン管にあった。まだビデオデッキもアダルトビデオも大衆化前夜だ。

ひとつは土曜の10時から11時に、日本テレビ系列で放送された『テレビ三面記事 ウィークエンダー』だ。

昭和後期世代の多くに染み付いている、「パッパラッパパッパパー」という力強いホーンに続いて、「新聞にー、よりますとーっ」のキャッチフレーズが懐かしい。

この曲がクインシー・ジョーンズによる「アイアンサイド」という曲だとは、だいぶ後になって知った。

番組の中盤にあった再現フィルムが、ポロリポロリとエロシーンを織り交ぜてくれ男を育てた。短いフィルムのほんのワンシーンだったりするものの、エロ情報が枯渇していた当時にはお宝だった。

加えて『11PM』も貴重な番組で、あの手この手のエロネタをぶっ込んで男子たちを喜ばせてくれた。

双方ともに、まさかお茶の間で見るわけにはいかず、昭和後期男子たちは涙ぐましい努力と工夫によって神秘の世界を求めた。

自分の部屋にテレビがある幸福な者は少ない時代だ。男子100人に100の苦労物語があるだろう。昭和後期世代の酒席では、しばしばこれを肴(さかな)にするのだから「ああ昭和」である。

余談ながら、テレビとエロを結びつけると「北村テレビ商会」の淡い記憶が掘り起こされる。

中1だった。14型のテレビを子供部屋専用で買い与えた、荒川区では珍しいお金持ちがいた。当時は自分の部屋を持っていない者が多かった。その部屋にはベッドがあり、テレビまで入れるとは驚きだった。

そこが女の子の部屋なのは一目瞭然で、高校生だとのこと。外タレのポスターとエレキギターがかっこよく感じた。全体的にピンクの部屋で、わずかながら訪問歴のある女の子の部屋とは違っていた。女を感じたのだ。

エロい自分に呆れながらも、この部屋の主を思い浮かべて興奮したなんて想い出である。

つまりだ。そんな妄想を働かせるほど、昭和後期世代にはエロが枯渇していた。そしてやはり、イマジネーションこそがエロの根源であると主張を繰り返す次第だ。

男たちをKOしたあの傑作CMはもう2度と生まれない

昭和55年、夏のことだ。衝撃のCMがブラウン管を彩った。「MINOLTA X-7」

で、昭和後期世代男子にとっては、この響きだけで映像の記憶がイキイキと蘇るはずだ。

「いまのキミは、ピカピカに光ってぇ〜」と、斉藤哲夫の曲もピッタリハマった傑作だ。

これをエロとするには、あまりにも爽やかで美しい。これまさしく「純エロ」と呼ぶにふさわしい。

まずシチュエーションがいい。木陰で向こうは海だ。シャツを脱ぎ、左右を確認してからジーンズのジッパーに手をかける。はにかむようで初々しい表情に男たちの視線は釘付けになった。ジーンズを脱ぎ終わるまでの時間は至福である。

仕上げが表情のアップだ。こぼれるようないくつかの笑顔を見せてから、キメの表情では強い視線を投げ込まれる。ノックアウト。

後に知ることになる宮崎美子の聡明さが、今見るとありありと伝わってくる。内面までも映し出したのは、さすがカメラメーカーの作品である。

当時のトップアイドルたちとは異なり、作られていないのがいい。少しボリュームのある体型も含め、今見ても色褪せることなき30秒である。

だが残念ながら、現代社会ではおそらくこんなCMは作れまい。

まず不快に思う女性がいるから。そしてその声をあげるからだ。

ＳＮＳは、便利この上なくその恩恵は絶大である。これは大前提である。だが古今東西、すばらしい発明には弊害が生まれる。

鶴光のくだりにもつながる。気軽に書くからつまらないとしていたメール投稿以上に、ＳＮＳでは瞬間的な感情を発出できてしまう。くだらぬ意見がエコーチャンバーを起こし暴徒化する。向けられた側は無視できないから、ＳＮＳをメディアのごとく恐れるのだ。この弊害はだいぶ深刻である。

現代でこのＣＭが流れたら、水着の女の子を、しかも脱がすシーンを追うとは下品過ぎるとつぶやく。そうだそうだと、極々一部の女たちが追撃する。そんな現象には陥りたくないからと、ＣＭなどの広報活動は入念にソフティケイトしていくのだ。

山口智子や藤原紀香が美しかった、東レのキャンペーンガールは２０２４年に廃止した。初代をアグネス・ラムが務めたクラリオンガールも２０２２年にやめた。

居酒屋の壁を、米倉涼子や鈴木京香、ＣＣガールズで彩ったビール４社のポスターも、すべて廃止にしている。

ジェンダーレス思考は現代の宿命であり、否定する気は毛頭ない。昭和後期世代は、その環境に育ってなかったと第3章でも前述したとおりだ。

そして言いたいことは暴力教師論でも述べた、思考停止社会へと拍車がかかっていることの危機感だ。

肌の露出はエロっぽいから、弾圧されそうだからやめておこう。ああ情けない。

戻そう。

中3の夏に目撃した宮崎美子は、男の中の男を育ててくれた。後にやっと行き着く、性の本質への旅路の過程でだ。これをブラウン管から得ていた時代を、幸せと言わずなんと言おうか。

昭和後期世代は、ネットとSNSがない時代でいつも女たちに〝狂〟いながら〝想〟った。熱い熱い、エロエロ狂想曲である。万歳。

第6章　おもちゃでスクスク大きくなった

ケンちゃんにとっても最高峰はおもちゃ屋

物心がつく以前よりおもちゃを愛し、いつも求めていた。手に入れられるチャンスは極めて少なく、確実なのは誕生日くらいでそのラインナップは貧相なものだった。とはいえ、ガキの頃はどの家庭も似たようなもので、潤沢におもちゃを買ってもらえるヤツなんてほとんどいなかった。

錯覚しがちなのでここであらためて確認したい。

輝いていると美化しがちな昭和だが、決してキラキラなんかしていない。後の章でふれる80年代への突入やバブル期こそ輝いて見えるが、それ以前はまだまだ暮らしのレベルは低かった。

生まれ育った東京都荒川区は停電もあったし、大雨が降るとドブが氾濫した。裸電球の暮らしがまだ残っていた。自宅に風呂がある者は半数くらいだったろうか。ガキどもにとって、銭湯は社交場だった。

そんな暮らしぶりながら美しく見えるのは、国民の多くが明日を楽しみにしていたからだ。太陽は沈まない。未来はもっといいはずだと元気と夢であふれていた。

暮らしぶりは低くとも、我が子を笑顔にしたい。戦争体験世代の親たちよりの愛の象徴が〝稀に〟買ってもらえるおもちゃだった。

確実に買ってもらえる誕生日のために、入念なチェックを続けるガキを、親たちはやさしく見守った。買ってやるという行為が、きっと戦後のモノのない時代を生き抜いた両親にとっても至福だったに違いない。親子で揃っておもちゃ屋へと向かう誕生日の輝きは、完全復興のシンボルだった。

街には必ずおもちゃ屋があった。昭和の原風景である。

泣きながら駄々をこねるガキもいたが、ほとんどの男たちは身の程をわきまえていて、ウインドウの向こうに広がる宝の山を前にため息を吐いては家路についた。

そんな日々を過ごしている俺たちにとって、ブラウン管の中に憧れの男がいた。すしだケーキだフルーツだと、あまりにもうらやましい環境にいたその男こそ、ケンちゃんだった。

シリーズの舞台となる商店の中でも、最も彼に嫉妬したのがおもちゃ屋だった。

4つ年上の宮脇健が、シリーズで一番好きだったのはおもちゃ屋と証言している。生モノが苦手で寿司が食べられなかった。ケーキは照明で溶けてしまうから、発泡スチロール製だったそうだ。

チャコちゃんで始まったシリーズで、家が商売をする設定が始まったのは、昭和46年とまさに後期元年である。昭和後期は個人商店に活気があった時代だ。

近所の商店同士で、互いの暮らしを支え合っていたのも昭和の原風景だ。

昭和57年で『ケンちゃん』シリーズが終了するのは、商店街のパワーが落ち始めた頃とシンクロする。

数ある商店の中で、なんでうちは電器屋なんだとケンちゃんを見るたびに呪った。『電器屋ケンちゃん』は絶対に成立しない。

恩恵なんぞほぼない。せいぜい乾電池やカセットテープといった消耗品をもらえる程度で、使用する家電はそのほとんどが客からのお古だ。

技術革新がイケイケの時代だから、修理すればまだ使えても新しい機能を求めて買い換える。引き取った古い家電製品の数々は、親父の修理テクニックで蘇ってしまう。

四畳半の居間に、新品のテレビが鎮座したことはとうとうなかった。だが救いがあるとすれば、親父専用テレビと、女子供用の2台が居間にあったことだろう。

ケンちゃんのハッピーライフに、同じ商家でもずいぶんと異なるものだと諦めながら、その古いブラウン管を眺めていた。

誰もが欲しがった高嶺の花　ライダーベルトと超合金

これまで幾度となく登場してきた。昭和40年に生まれた昭和後期世代と『仮面ライダー』は、おもちゃにおいても切っても切れない関係にある。

奇跡のおもちゃが生まれた。仮面ライダーベルトだ。

改造されてしまうのは怖いけれど、変身ツールであるベルトだったら身に着けるだけでいい。手に入れれば、憧れのライダーに近づけるという夢を見たのだ。

これぞおもちゃの王道であるが、高額という大きな壁が立ちはだかり、誰もがその腰に巻けたわけではない。

近所のガキどもと仮面ライダーごっこに夢中になった。家族で出かけても弟と一緒にいつでもどこでも変身ポーズをとっていた。そんな兄弟を不憫に思ったのか、ある日ライダーベルトが兄弟にお揃いで供されるという、この世の春がやってきた。

一日中、ウキウキしながらその瞬間を待った高揚感をいまだに忘れていない。その後の悲しみとセットにして心の奥底にしまわれている。

確かにライダーベルトだった。

だがその風車はスイッチで回らないし光も発さない。風車は手で回すだけだ。友人宅で見せてもらった〝本物〟と比べると、あまりにも貧弱なベルトだった。

ポピー（バンダイグループ・当時）製をあまりよく知らない、3つ年下の弟はそれでも大喜びで、その無邪気な笑顔によって兄の悲しみは増殖された。

蚊トンボのような声で「ありがとう」と親父に伝えるのがやっとだった。

当時はありとあらゆるモノにバッタもんが横行していたが、これほどまでに残酷だったのは後の人生でも見当たらない。そんな悲哀を感じながらも、強くなっていったのが昭和後期世代だ。

その後の人生を左右されてしまった収集癖を植え付けたのは？

ヒーロー系のおもちゃは続く。ライダーベルト同様に、未来を見たおもちゃが登場した。

「超合金マジンガーZ」である。

超合金とは、なんという心躍るネーミングであろうか。

これまで人類が知り得なかった未知の金属を感じさせるネーミングでガキどもに押し込んだのは、ライダーベルトを大ヒットさせたまたしてもポピーだ。ガキどもの物欲を直撃して狂喜乱舞させた。

強烈に憧れたが、やはり誰もが所有できる代物ではなく、おそらく悔しい思いで友人宅に出入りしていたのが、俺たち世代の多くが共有しているリアルだろう。そうして涙を飲んだ子供達が日本全国にいたのだ。

「仮面ライダーベルト」も「超合金マジンガーZ」も、かなり強気な価格設定がされていた。仮面ライダーベルトは１５００円で超合金は１３００円である。

当時の国鉄の初乗り最低料金が30円でタバコが一箱80円だ。

そんな価格帯のおもちゃに誰もが手が届くはずは無く、ガキどもの社会秩序は守られていたのである。

だが神は我々貧乏人を見捨てなかった。仮面ライダーカードだ。おもちゃとするのは少々乱暴かもしれないが、仮面ライダーモノとして誰もが集めることができた。

昭和後期元年に、生まれて初めて中毒性のあるコレクションを楽しんだ。今にも続く、収集癖という病に蝕(むしば)まれてしまったのだ。後にも次々とコレクションを続けて生きてきた昭和後期世代の、特に男たちは断捨離できない。

仮面ライダーカードは、そんな風に生き方を変えられたモノと位置付ける。

変身ベルトが手に入らなくとも、アルバムに詰められたカードたちにうっとりとしながら過ごせた。1号2号ライダーが揃ったカードは、コレクターマインドを強く刺激して、1枚対10枚などの不利な交換条件を飲んででも手に入れようとした。

そして俺たちには共通の原体験がある。本来カードは仮面ライダースナックのおまけなのに、その主役であるスナックを愛せなかった。

結果、廃棄されたり、駄菓子屋の前にご自由にどうぞと置かれていたりと、散々だった。

余談ながら、タメ年の方の取材で、当時のカードコレクションを現金化してバーの開業資金を賄えたなんて話があった。

つくづく豊かになったもので、ベルトも超合金もカードも俺たち世代によってクルクルと循環させながら、高値を更新している現在である。

ゲーム系おもちゃで築きあげる異文化交流

成長していくと、家族や友人とのコミュニケーションの中から楽しみを見出すようになる。創意工夫を凝らしたゲーム系が俺たちのおもちゃの主役へと取って代わった。

新しいゲーム系おもちゃを持つことは、クラスでオピニオンリーダーになれるということだ。好きなだけ買い与えられる裕福なヤツなんてほとんどおらず、ゲーム系玩具はクラスメイトでシェアするものだった。ゲームをターゲットにして、仲良し同士で所有者宅に集ってはコミュニケーション力を養ったのだ。

新しいゲームを手に入れたことを仲間に告げると、途端にその日の放課後は自宅が社交場になる。このコミュニケーションが繰り広げられる舞台にも、昭和家庭のヒエラルキーがあった。

まず、自分の部屋があると驚異であり、そいつへの見方がランクアップするが、荒川二丁目界隈にはほぼいなかった。

もう1点、極めて重要なのがおやつタイムだ。まず飲み物が多くのことを語る。ランク下から、麦茶、麦茶の砂糖入り、カルピス、プラッシーやチェリオといった瓶ものと氷が入ったグラスというのがヒエラルキーのトップだろうか。飲み物とおやつ本体の組み合わせで、残酷にもその家の地位を判断してしまう俺たちだった。

コカ・コーラと湖池屋のポテトチップス・のり塩味が出てきたときは雷のような衝撃だった。我が家ではコーラは骨を溶かす飲み物だったが、彼の家では1リットルの瓶からいくらでも飲めた。

ポテトチップスもCMで見たことはあったものの、口に運んだことはなかった。生まれて初めて経験した甘くないおやつで、これほどうまいとは想定外だった。

湖池屋創業者の小池和夫は、飲食店で初めて出会ったときに「こんなおいしいものが世の中にあったのか」と感じたそうだが、同じ感動を友人宅で味わった。と、昭和後期世代はおもちゃによって、こうした異文化交流の経験を積み上げたのだ。

ゲーム系おもちゃ話に戻そう。『昭和40年男』はまだ影も形もない昭和33年に、エポック社が『野球盤』を発売した。

ベルトや超合金より以前でありながら、1750円で発売されたというのだからずいぶんと高価だ。だがそれもそのはず、当時の『野球盤』は木製で家具職人による手作りだった。

そんな高価だったにもかかわらず大ヒットとなったのは、投げる・打つ・守るといった、実際の野球さながらの対戦式となったからである。それまでも野球ゲームは存在していたが、ピンボールのようなコリントゲームに過ぎなかった。後に続く、アクションゲームの歴史を作ったのだ。

社名のとおり、エポック社によるエポックメイキングな発明だったのだ。

職人による生産だったゲームは、続く革命期を迎えた。精巧で精密、かつ安価に生産ができる新素材、プラスチックの普及による。

それまでのブリキ、紙、木材といった素材は狂いが生じたり破損が多かったが、プラスチックは軽くて丈夫であり、複雑な形状の部品が容易に組み込めるようになった。これによって、緻密で精巧なアクションゲームを作れるようになり、品質の高い製品を大量に生産できるようになったのだ。

さらにエポック社はスポーツアクションゲームでヒットを飛ばした。「ナ・カ・ヤ・マ・リツコサン～」のメロディとセットで記憶に残っている。昭和の大ブームに乗っかり『パーフェクトボウリング』が登場した。野球盤同様に、時代に合わせてモデルチェンジを繰り返してガキどもの定番ゲームになった。

スポーツ系のゲームは総じて男子たちに評判がよく、次々に世に放たれた。サッカーゲームやホッケー、バスケットに相撲なんてものまで、ガキどもを夢中にさせた。スポーツ系だけでなく、シューティング系やスロット、迷路系などなどアクションゲームは創意にあふれたモノがいつも楽しませてくれた。

歴史的転換を目撃できたのは時代よりの提示だ!?

やがて少し大人なボードゲームに夢中になった。誰もが親しんだのが、タカラ（現タカラトミー）の『人生ゲーム』だろう。

昭和43年に、1700円のずいぶん高額で発売され、昭和55年に二代目が発売されて以来モデルチェンジを繰り返しながら現在もラインナップされている。

大学進学や就職、結婚に株取引や約束手形なんてことまで知ることになった。自らが選択しながら、またルーレットによって人生が決まっていくことは、その後のリハーサル体験だった。

数人が集まればプレイ時間は長くなり、濃密な時間を演出してくれた傑作ボードゲームだ。

どれもこれも、貴重なコミュニケーションの時間を創出してくれた。アナログのあたたかさが、交際力を養ってくれた。野球盤での消える魔球の球数制限など、独自のルールを作り出して楽しむなど、遊びをクリエイトする能力まで育んでくれたのだ。

やがて70年代後半に、デジタル革命が起きる。同時に、おもちゃにおけるパーソナル革命もだ。

おもちゃと呼ぶに少々趣が異なるが、タイトーの『スペースインベーダー』は衝撃だった。本格的なデジタル系ゲーム機との出会いは、まるで未知との遭遇だった。

80年代の到来を間近にした、昭和53年の夏に世に放たれると瞬く間に大ブームが起きた。

前夜に小ブームとなった、ブロック崩しにも革新技術を感じたが、『スペースインベーダー』は断然未来を引き寄せた。

喫茶店でコーヒーを飲みながらのプレイは高嶺の花だった中1は、目一杯背伸びしてゲームセンターに通った。

余談ながら、バイオレンスだった東京下町の荒川区ではゲームセンターに縄張りがあり、隣中学のそこには怖い地雷があった。

自中学の近くでも、先輩がいればそそくさと譲らねばならない。1つ歳が違えば天国と地獄なのは、昭和に当然の生活風習だった。

そんなバイオレンスなゲームセンターや、駄菓子屋に1台だけなど、絶対的な供給不足だった。難民のごとしだった日々は、やがて急速に解消されていった。ほぼインベーダーゲームだけを設置したゲームセンターが次々とオープンしては、昭和後期世代で埋め尽くされた。

連日連日賑わいを見せていて、このブームは永遠に続くとさえ感じた。強く記憶されている、これもまた昭和の原風景だ。

インベーダーブームとセンス確立・昭和後期世代の奇妙な論

本書では、昭和後期世代の始まりを昭和35年生まれだとしている。これがまさしくインベーダー世代である。

センス確立世代とした昭和34年生まれまでがインベーダーゲームに夢中にならなかったかといえば、それはないだろう。だが昭和35年生まれ以降が夢中になったのと、気合いが異なる。

ブーム時に昭和後期世代の年長は、ハイティーンだった。高校なら3年生の年で、100円の持つ価値観が大きく異なる。捨て身の100円だ。

たかが1歳ながら、34年生まれは次なる学びや遊びを求めた大学生や専門学校生、社会に出ていればたんまりと初任給を得た年だ。

いずれも、人生にハングリーは残っちゃいない。探究心と余裕が合致する、いわば人生のリッチ時代に突入する。

ここで本書がとなえる、新説昭和世代論を第2章に続きご清聴願う。

インベーダーブームは、刹那で1年ほどだった。それ以前に経験した、ボウリングブームよりベルトが細い。

この奇跡の現象にピタリとはめて、昭和後期世代とは昭和35年生まれ以降と定義したのだ。

前述した捨て身の100円以上の意義と共に、デジタル革命を遊びにおいて経験できたその年齢が大きい。

センス確立世代はインベーダーなどに脇目もふらず、その名のとおりセンスを確立するために自分磨きと、女の子へと向かって狼の時代に入った。

ゲームごときは暇つぶしでしかなく、真剣にかまっちゃいられない。これによって、昭和後期世代にとって頼れる先輩になった。

他方、昭和後期世代はデジタル革命に真剣だ。影響を全身で受け入れる、ギリギリの年齢でデジタル体験ができた。アナログは絶頂期の沸点状態で、もうしばしの発展を見せるから、デジタルとアナログ双方を理解できる感性を練り上げたのだ。

後のデジタルネイティブ世代と比べると弱い。だが弱くとも難民ではない。社会に出た時に、パソコン時代の始まりとシンクロする。まだ導入されていなくとも、ワープロやＦＡＸなどの最新ツールについていけた。ゼロックス取ってくれとは言わない。

これが昭和後期世代の幸福だ。またひとつご納得いただけただろうか。

大金の１００円を注ぎ込み、胸を燃やしながらその熱の中でデジタル感性を育てた。『スペースインベーダー』とは、それほど大きな兵器だったのだ。

ここまできたからには、昭和後期世代の最後年にもふれておきたい。

発展請負世代のアンカーを昭和27年としたのは、翌年に出生ベースで２００万人を割り込んだことで、社会における世代の影響力がわずかながら減少したからだとしたい。時代発展の享受と同様に、タメ年の数も武器なのだ。

太いベルトに設定した昭和後期世代もこれと同様に、昭和46年に再び出生200万人に達したジャパンは、49年まで保った翌年割り込んだ。沈まぬ太陽を信じた先輩にうるさく鍛えられ続けながら、最終間際では人数という物量で力を誇示できたのだ。

出生200万人を割り込んだ昭和28年は186万人で、同じく昭和50年が190万人となり、ここに世代の節目ありと主張させていただく。

みんなのおもちゃは個々の快楽装置へと変貌した

昭和35年生まれから、昭和49年生まれと広く定義した昭和後期世代だ。この中でインベーダーゲームの洗礼を受けた、年長の昭和35年生まれについては前述のとおりだ。その後ろはどうだろう?

猫も杓子もという表現を使うと、ブームを享受したのは昭和40年生まれくらいまでか。

昭和53年からおよそ1年のブームだったから、小学生だった昭和41年生まれにとってはハードルが高かったはずだ。ではその後の世代がデジタル難民かといえば、もちろんそんなことはない。

インベーダーブームを機に、パーソナルなおもちゃの世界にもついにデジタルの大波が押し寄せた。当然の発展だ。

インベーダー登場の2年後には、おもちゃ業界を一変させるデジタル玩具が誕生する。任天堂が『ゲーム&ウォッチ』を発売した。昭和55年で、西暦では80年代が到来した。

これも本書の定義する「昭和第五期」への移行であり、昭和後期の仕上げともなる「技術大国ジャパンとバブル」に突入した年だ。

玩具業界の方々に取材をすると、誰もが口をそろえて「『ゲーム&ウォッチ』発売によって、市場の構造自体が完全に変わってしまった」「友人や家族とワイワイ楽しむゲームは、たったひとりで孤独に遊ぶためのツールになってしまった」と語る。

この予兆となった大事変こそが、昭和53年の『スペースインベーダー』なのだ。

コミュニケーションが主たる目的だったゲーム系玩具が、この登場で一気にパーソナルな快楽装置へと存在意義とニーズを変えた。

『ゲーム&ウォッチ』発売の3年後、昭和58年には同じく任天堂により『ファミリーコンピュータ』が登場する。

ガキどもの世界を一変させた。

昭和後期の発展に箱とソフトありとこれまで論じてきた。おもちゃにおいてこれ極まれりである。

さらに2年後、ファミコンの出荷台数を飛躍的に躍進させたソフト「スーパーマリオブラザーズ」が、世に登場した。インベーダーブーム勃発から7年後となる、昭和60年9月13日だった。

昭和後期世代がバトンを渡した昭和50年生まれは、子供から成長の階段を上った小学3年生になった年だ。昭和40年生まれの10歳時と同様に、大きな節目にぶち当たる。昭和とはまるで、すべてをうまいストーリーに引っ張り込んでいるがごとしである。

第7章　歌は流れるあなたの胸に

音楽シーンの進化速度を上げたマンモス番組の革新性

昭和53年1月19日、伝説となる歌謡番組がスタートした。昭和後期世代を虜にした『ザ・ベストテン』である。

日本の音楽シーンの多様化と進化に大きく貢献した。70年代から80年代へと移り変わる、いよいよ昭和の沸点へと向かうこのタイミングで存在したことは、昭和の奇跡のひとつだと捉えているし、必然でもあった。

昨今、世界へと羽ばたくミュージシャンが後を絶たない礎として、燦然と輝いている。

当時、ラジオではカウントダウン形式のランキング番組が花盛りだった。

『ザ・ベストテン』がスタートした1978年1月時点では『コーセー化粧品 歌謡ベストテン』(FM東京/現TOKYO FM)、『全国歌謡ベストテン』(文化放送)、『森田公一の青春ベストテン』(TBSラジオ)、『不二家歌謡ベストテン』(ニッポン放送)、『決定！全日本歌謡選抜』(文化放送)などが各局で放送され、それぞれ人気を集めていた。

一方、テレビでは『NTV紅白歌のベストテン』(日本テレビ系)や『ベスト30歌謡曲』

（NET／現テレビ朝日系）が存在したが、ラジオのように上位10曲を紹介するのではなく、ランキングと出演者が一致しない番組しかなく、番組名と内容に乖離（かいり）があった。

そこに『ザ・ベストテン』が登場した。

今最も人気のある10曲を視聴できる画期的な番組だった。

この番組については、昭和40年生まれの作家の濱口英樹氏に力を借りる。彼は『ザ・ベストテン』の重要性について一家言を持ち、生みの親と呼ばれる故・山田修爾さんをはじめ、番組関係者への取材を幾度となく行なっている。山田さんは、企画・演出を1回目の放送から手がけたTBS社員だ。

取材で受け取った金言の数々も、惜しげもなく披露してくれた。

まず濱口氏に問う。『ザ・ベストテン』の革新性は？

番組プロデューサーが出演者を決める「キャスティング方式」ではなく、リクエスト重視の「ランキング方式」をとったことをまずあげた。

山田さんの証言によると「ランキングを決定する4要素の構成比は番組開始時、ハガキリクエスト40％、レコード売上30％、ラジオ総合20％、有線放送10％で、ハガキの比重が最も高かった」

つまり視聴者がキャスティングのカギを握っていた。

それまでの歌謡番組ではキャスティングありきが常識で、実際に売れている人とテレビに出る人にギャップが生じていた。

「日頃付き合いのある芸能事務所からの反発も予想され、先輩の多くは『ランキング方式では番組が成り立たない』との意見だったが、その反対を押し切ってスタートした（山田さん）」

スケジュールの都合で出演できない歌手や、そもそも出演拒否の歌手がベストテン入りしたときは視聴者に正直に出演しない理由を伝えたことも、画期的なことだった。

「第1回は4位の『わかれうた』で中島みゆきが出演NG、7位の西城秀樹、8位の狩人、9位の清水健太郎は欠席でした」と、濱口氏は第1回放送から最終回までのすべてのランキングとその獲得ポイントを、大学ノートに書き記している。

そのまま現在に至るまで歌謡シーンの探究を続け、著書には『ヒットソングを創った男たち　歌謡曲黄金時代の仕掛人』や『作詞家・阿久悠の軌跡』『オマージュ〈賛歌〉t o 中森明菜』がある。

まさしく発展請負世代　過去の常識を覆し続けた

『ザ・ベストテン』の名物となった合言葉が「追いかけます、お出かけならばどこまでも」だった。

当時の通信技術では中継のハードルが高く、中継車を使用するのは報道優先だったが、時には数ヶ所からの中継がなされた。

放送1年目の7月には、ニューヨークからの衛星生中継も実現している。

「報道以外で海外から生中継するのはありえない時代に、無謀にも『やろう』と言ってしまった。社内では『やっていいのか』という意見があったが、そう言われるたびに『なんで報道がよくて、こっちはダメなんだ』と燃えた（笑）（山田さん）」

革新性にはもうひとつ、「当時人気を集めていた歌番組は、電飾や樹のセットの使いまわし（『夜のヒットスタジオ』）、スタジオの客前（『ベスト30歌謡曲』『TVジョッキー』）、ホールでのバンド前（『紅白歌のベストテン』『レッツゴーヤング』『クイズ・ドレミファドン！』『8時だョ！　全員集合』）が主流で、1曲ごとのセットを作り込むことは稀でした」と付け加えた。

山田さんへの濱口氏の取材メモによると「本来、僕は『ザ・ベストテン』ではセットに反対だった。セットを組むと視聴者の目線が散るし、毎週、歌手がナマで歌うこと、ナマの顔が見えることが大事で、そうするにはバンド前がいちばんいいんじゃないかと考えていた。ところがセットが世間に評価され始めると、4人のディレクターが「あいつよりもオレの方が……」となって、セット戦争が始まってしまった（苦笑）」

「セットは基本的に1曲ごとのスクラップ&ビルド。いい詞はセットも浮かびやすい。松本隆さんの詞は作りやすかった」とある。

番組の魅力について「歌手が登場するミラーゲート、歌唱後の歌手が座るソファ、オーケストラピットなど、スタジオのセットにオーセンティックな高級感があった。司会者の黒柳徹子と久米宏のコンビネーションもいい。黒柳は視聴者の、久米はスタッフの立場で進行し、丁々発止のマシンガントークも魅力だった。衣装も、久米はタキシード、黒柳はイブニングドレス（ほとんどが森英恵デザイン）で、他の歌番組にはないフォーマルな雰囲気があった」という。

さらに出演NG組に粘り強くアプローチして、数組（松山千春、甲斐バンド、松任谷由実）の出演にこぎつけた。ネットもMVもなかった時代、動く姿を目撃する貴重な機会となったのは番組スタッフの熱意だと称賛する。

そして見る者が総じて感じていた。ランキングの真実性だ。

「司会の黒柳徹子さんと『ランキングに嘘をつかない』と約束した。初回は山口百恵が11位（「赤い絆」）と12位（「秋桜」）だったが、入れ替えることなく、そのまま放送した」

成功要因についても、山田さんの言葉を借りよう。

「観る側、出る側、作る側が完全に同じ方向を向いていてくれた。だから成功したんじゃないかと思う。こんな幸せなことはない」

技術はプロフェッショナルに、発想はアマチュアリズムの精神なのだとして「観る方が素人なんだから、僕らも素人と同じ気持ちにならないと絶対にいけない。これがメディアで仕事をするスタッフの哲学だよね。『なぜこれがいけないんですか』『これをやりましょう』という非常に前向きな、定説に捉われない発想や考え方を通したのがよかったのではないか。それが歌手の方や視聴者にも通じて、『ザ・ベストテン』という番組が、黒柳さんや久米さんも含めて、みんなから青春時代と思われるような番組になったのだと思う」

エロまでも享受できたブラウン管から流れる珠玉の歌たち

山田修爾さんは昭和20年生まれの、発展請負世代だ。

テレビ業界に蔓延していた数々の常識を覆し、昭和歌謡界をまさしく発展させた。番組からの熱により、視聴者は歌の数々に感情移入することができた。

当時のブラウン管はお茶の間の主役だった。

『ザ・ベストテン』にランキングされる歌は、幅広い年齢層にウケるものがあれば、対象年齢や性別が偏った曲もランクに入る。ごった煮のおもしろさを享受できたことは、昭和後期世代のやはり幸せである。

ヒット曲の数々はいつも刺激的だった。そんな中で退屈に感じた演歌やムード歌謡をガキの頃より知った。当時は退屈だと断罪したはずが、今となってはそんな曲たちを歌詞を見ずとも歌える。昭和の名曲たちは、心の底に染み付いているのだ。

ガキの頃より歌の数々を雑食のごとく受け入れたことで、才能を開花させたミュージシャンがどれだけいるだろう。この章の冒頭に記した、世界に通用するミュージシャンを生み出す連鎖を起こしたのだ。

番組があまりにも新鮮で斬新だったからか、居間への依存度が高いまだガキだったからか、昭和53年の『ザ・ベストテン』には想い出が多い。

黒沢年男（現・黒沢年雄）がヒットさせた「時には娼婦のように」は、よくぞ小中学生が見る番組にチャートインさせたものだ。

意味もわからず「時には娼婦のように」と口ずさむ中1の存在が、親にはあまり快適でなかったようだ。番組放送中に「この曲いいね」と話したところ返事は返ってこなかった。

そんなエロいナンバーも多かったが、究極のエロ事件が起こる。結果的に起こってしまったとしたほうがいいだろう。

ヒロインは平尾昌晃とデュエットでデビューした〝清純〟な畑中葉子だ。

昭和53年の紅白歌合戦にも出場した師弟コンビは、放送開始直後の2月に『ザ・ベストテン』にランクインした。両親からは、平尾昌晃が昭和の歌謡シーンにとっていかに重要かをレクチャーしてもらった。平和なお茶の間の正しい在り方だ。

横にいた女の子は、まだ芸能界も社会もわからず偉大な師匠にただついていきますと、ただただ懸命に歌う姿があった。初々しいとは彼女のためにあった。

ところが時はわずか2年しか経ていないある日、衝撃のネタがクラスを走った。あの清純な畑中葉子が日活ロマンポルノへ出演した。

「後ろから前から」の意味はまだよくわからない中3に、女の声に変わってしまった歌が聞こえてきた。昭和後期世代には愕然とするほどのショックを与えた事変で、心はなぜかブレイクした。同時に女の恐ろしさを知った気がしたのだった。

それもこれも、『ザ・ベストテン』が楽曲ごとに強烈な印象を残す演出や、トークを展開したからだ。

エロは第5章で書き切ったはずなのに失礼つかまつったが、それも含めて昭和の歌はあなたの胸に流れたのである。

ジュリーと百恵と視聴者が手繰り寄せた大晦日の快挙

さらに『ザ・ベストテン』で掘り込んでいく。

歌謡界全体に広げてさらに時間を追いかけるよりも、昭和後期世代にとっての歌について、「ぎゅっ」と考察できるはずだと偏った主張で、しかも昭和53年縛りだ。

この年の『ザ・ベストテン』における男女ソロシンガーの主役は、沢田研二と山口百恵だ。2人が10位以内にランクインさせた曲を、それぞれ登場順に追う。

憎みきれないろくでなし（2週）
赤い絆（5週）
サムライ（15週）

乙女座宮（10週）
プレイバックｐａｒｔ２（15週）
ダーリング（13週）
ヤマトより愛をこめて（６週）
絶体絶命（11週）
Ｌｏｖｅ（抱きしめたい）（13週）
いい日旅立ち（４週）

1月19日に始まり、年間で放送された50回のうち、沢田研二がベストテン外に陥落したのは3回しかない。山口百恵が6回となり、２人揃っての陥落は一度もなかった。ミスター&ミス『ザ・ベストテン』である。

司会の久米宏が山口百恵に寄り添う姿がおもしろいのと、「一等賞」に固執する沢田研二をいじる黒柳徹子のトークが、２人が番組の中心にいた印象をより強くする。

この構図はそのまま、この年の『紅白歌合戦』のトリ対決へと昇華したのだ。

昭和後期世代にとっての悲願だった、ポップス系の歌手が大晦日を締めた。眉をひそめる大人はいたかもしれないが、それは昨今の紅白に対する昭和後期世代の気持ちとまるでシンクロだ。

『ザ・ベストテン』が広げた扉が、大晦日の国民的番組を変えた。それを手繰り寄せたのは、昭和後期世代がせっせと書いたリクエストハガキだったのだ。

山口百恵の歌詞を多く手がけた、阿木燿子に話をうかがった。前出の濱口氏と一緒にだ。

目の奥の奥まで透明感を感じさせる、美しくかわいらしい女性だった。

彼女の歌詞の世界についての取材で、当然ながら山口百恵に話は及んだ。この時取材した2人にとっては生涯忘れられない、作詞家ならではの言葉が今も突き刺さったままだ。

山口百恵ほどの歌手にはもう会えない。魂が練れている。輪廻の回数が多いのだろうと評した。こんな言葉を紡ぐ人間がいるのかと心酔した2人は、帰り道に何度も噛み締めた。2013年の初夏だった。

歌い手と歩む職業作家がいて、シンガーソングライターも台頭してきたあの時代に、双方ともがうねりをあげるかのように仕事のレベルを向上させている。名曲が数多く残った。受け皿の筆頭が『ザ・ベストテン』だった。

変な兄ちゃんだったが何かが違うと受け止めた俺たち

数多ある昭和53年『ザ・ベストテン』伝説から、最後に2つだけ付け加えたい。

8月31日。

日本中をびっくりさせた、ブラウン管を飛び越してくる事変が起きた。

短パンにランニングシャツで、ギターをかき鳴らすあまりかっこよくない兄ちゃんが「ラララー、ラララ、ラララー」とがなった。頭で考えるのを放棄させてしまう。感じたことのない熱さがあった。

中学初の長期休暇最終日の夜だ。ハートブレイクでセンチメンタルな気分のはずなのもすっ飛び、ただただ興奮した。演奏を終えてもただぽかんとしたまま、言葉にして評価できない。兄ちゃんの桑田佳祐という名前も、サザンオールスターズという長ったらしい名前も入ってこなかった。

だがそれまで見たことも聞いたこともない、ライブハウスなる場所の熱気に負けない熱に完全にノックアウトされた。

歴史的中継を目撃した昭和後期世代は、わけもわからずブラウン管にしがみついていただろう。お袋は嫌悪感を露わにしながら「何言ってんだかわからない」とポツリと言った。それはそれで強く理解した。

翌日から始まった2学期の教室の話題になったし、その後やや季節外れにチャートを駆け上がった。

その後のサザンの活躍を、国民的なバンドへと育っていくのを見守った昭和後期世代だ。

２０１８年の大晦日、紅白の大トリを特別枠で、しかも2曲を演奏するに至った兄ちゃんは、ユーミンと絡みながら司会のウッチャンをハラハラさせた。

昭和53年8月31日から40年を経て、変わらぬ曲で変わらぬ興奮を日本中にぶっ込んだのだ。

あの日の兄ちゃんのままの桑田佳祐は、昭和の大衆スター筆頭の美空ひばりと肩を並べた。そう確信できた2018年の大晦日のパフォーマンスに酔ったし、心よりうれしかったのは同じ時代を生きたことだ。

ギターのボディを鳴らしたポン　生涯忘れられぬ音

もう一つは対照的に、静かな会場に灯した炎だった。

前週まで世良公則&ツイストが、ジュリーも真っ青の一等賞を10週走っていた。この前年の11月に「あんたのバラード」で衝撃的にデビューした。同曲でベストテン入りしたのが、3月2日だった。

続くシングルの「宿無し」では1位を3週獲得して、年間チャートでも3位に輝いた。このビッグヒットに続く「銃爪（ひきがね）」の偉業だ。が、残念ながら世良公則&ツイストは、このくだりの主役でない。

11月16日。ついに引きずり落とした松山千春が、ライブが終わって誰もいないコンサート会場にいた。

それまで生出演どころか、テレビに一切出ない姿勢に痺れていた。ところが出たのである。「銃爪」に代わって1位になった「季節の中で」を歌うとは、なんたることだと興奮しながらその登場を待った。

松山以外にも、それまでも多くいた〝テレビに出ない〟を、神格化させたのが『ザ・ベストテン』である。だがこうした奇跡もある。前述したとおりスタッフの熱による。その努力をダイレクトに受け取った昭和後期世代だ。

さて松山千春の出演だ。ギター1本でステージに1人で、いきなりトークを始めた。びっくり仰天した。そしてトークの内容が、まず中1の心に突き刺さった。

なぜテレビに出ないかの説明だった。自分はコンサートが大好きで、テレビに出るよりも1ヶ所でも多くの会場に行きたい。それをわかってほしいとした。その上でいい番組だとほめて、ハガキを書いてくれるファンへの感謝を口にする。ハガキ代の20円にもふれてだ。

トークは結びに入る。テレビに出るのはこれで最後だと。やっぱりカメラの前で歌うのはつらいと。

「俺は俺のやり方で、これからもがんばる。じゃあ、歌います」と、アルペジオでフリーテンポ風に「季節の中で」が始まった。グリコアーモンドチョコレートのCMで聞いたあの曲、あの声だ。

どうでもいい余談ながら、このCMの主演は2年後に山口百恵を『ザ・ベストテン』から奪い去った、三浦友和だった。

戻す。

ゾクゾクしながら、こんなにも高い集中力でブラウン管にかじりついたことはない。

そして、生涯忘られぬカッコイイ音にふれた。

インテンポの合図として、原曲でのサウンドエフェクト代わりに、ギターのボディをポンと鳴らした。この音があまりにもカッコよくて震えた。

ただの〝ポン〟だ。深く染み入ったのは、さまざまな要素が取り巻き、心の高まりが絶頂だったからだろう。

ともかく強く記憶したまま、いまだ呑み屋のネタにする。

桑田兄ちゃんとともに、理屈でなく多くの昭和後期世代の胸に刻まれたままなのではなかろうか。

一石二鳥の幸福を享受したごった煮ミュージック

実に偏りに偏ったこの章を、まとめに入る。

歌はどの世代にとっても大切な存在だ。喜怒哀楽とともにいつも傍らにある。

昭和後期世代と絞って論じようとトライしたが、定義するところの昭和35年から昭和49年生まれは音楽においては広すぎる。年齢での受け方の差異が極めて大きい。すべての昭和後期世代にどハマりは諦めつつ、ベターなネタとして1年に絞り込んだ『ザ・ベストテン』を見つけたわけだ。

昭和35年生まれにとっては18歳だったから、しょんべん臭かったかもしれぬ。昭和49年生まれにとっては、実感なき話だろう。4歳だもの。

先輩方には申し訳ないが、大目に見てやってくだされ。後輩諸氏はきっと『ザ・ベストテン』自体の恩恵は享受しているはずだ。その始まりが、こんなにもすごかったのだとご理解いただければ幸いである。

当初は、『ザ・ベストテン』一点張りでなく、まず洋楽シーンを用意した。ビートルズにストーンズ、ヘンドリックスやディランといった、ファーストジェネレーションの時代が過ぎ、70年代に入り新しい感覚と個性のミュージシャンたちが、雨後のタケノコのように出てきた。

巨大な産業へと育っていく。多くの才能と金が注ぎ込まれ、凄まじい進化の時代が70年代後半だ。

ディスコ、AOR、パンク、ヘヴィメタルなどなど、ビッグバーン時代を楽しんだことだろう。昭和後期世代の先輩方の青春がピタリとシンクロする。

背伸びに背伸びを繰り返した筆者は、涙ぐましくもなんとかしがみついたから、詳しく書きたかった。だがページには限りがあり、残念ながら切り捨てた。

もうひとつは重要すぎるから軽くふれた、ごった煮ミュージック文化である。ここはもっと鋭く多く突っ込むはずだったがやはり紙面が足りない。天秤にかけてこのような構成にしたが、大切な要素だけは共有したい。

戦争体験、発展請負、センス確立と3つの世代が愛している音楽を、自然と取り入れたのが昭和後期世代だ。ソースがブラウン管だから、ごった煮できた。

ラジオはさしずめ現代風リスニングだ。好きなジャンルやミュージシャンを、たった1人で狙い撃ちにして楽しめた。

だがブラウン管は違う。ターゲットがお茶の間である以上、家族全員を喜ばせねばならぬ。大人たちはガキどもも含めて喜ばせようと熱を込めた。愛も込めた。

これによって昭和後期世代は、じいちゃんばあちゃんが好む演歌や民謡を我慢しながら、寛容の精神を育んだのだ。現代社会には極めて重要な精神だから、後述する。

そして我慢とはしたが、演歌や民謡には本物のクオリティがあるから、本質での音楽心も自然成長した。一石二鳥だった。

これを幸せと呼ばずなんと呼ぶ。

第8章　エンジンの音と鼓動で育った俺たち

アッシーくんに成り下がっても男たちのマストアイテム

雑誌『昭和40年男』でタクトを振った。

２００９年10月29日の創刊より、２０２３年の１月11日発売号まで、77冊にはそれぞれ想い出が詰まっている。

巻頭特集に多くのページを割く作りだったから、そのテーマは売上に直結する。驚くほどの成功を収めた特集もあれば、販売的な失敗作も数多く生み出した。

余談が得意で申し訳ない。あえて〝販売的な〟としているのは、そのほとんどが意欲作だったからだ。

トライして負け戦になるのは、『昭和40年男』という雑誌のキャラクターとして必要な要素だと信じていたから、販売失敗作には想い出深い特集が多いのだ。

逆に、ダントツのＭＶＰで感謝に堪えない優等生が、昭和のクルマたちである。

巻頭特集では「夢のモーターショー」「俺たちのカーライフ」「俺たち、クルマが好きだ。」「刑事(デカ)とクルマ」と、４回も組んだ。テーマとしては最多である。

特集テーマとしてだけでなく、全体の重要なピースとして組み込まれることも度々あった。

一例を挙げると、昭和40年に生まれた男子たちが夢中になったさまざまなブームを取り上げた特集「俺たちブームで大きくなった」では、スーパーカーブームをひとつのセクションとして、トップバッターで構成した。表紙には池沢さとしの『サーキットの狼』を採用している。

そんな風に様々な角度から誌面を盛り上げてくれる、昭和のクルマは編集部にとってもっとも頼れる存在だった。とにかく〝必ず〟売れた。

第6章のおもちゃでもふれたが、貧しかった裏返しで激しい物欲が身についた。大人の階段を上るたびに高額化も進んでいく。ミドルティーンでバイクや楽器に辿り着き、ついにボスキャラを迎え撃つ歳にリーチする。

ダントツで高価な趣味でありながら、男が男で生きていくために必要な武器だった。

第3章で語り尽くした、昭和後期世代の男の生き様が詰まっている。

炎のローンを組んでまで、女たちにアピールしなければならない〝やせがまん〟がある。

颯爽と乗りこなし、スマートに送り迎えをこなすことで〝粋〟を装った。大事なところだ、復習だ。昭和後期の男は、やせがまんと粋で生きたのだ。アッシーくんに成り下がることもあったが、男は女のために優しくあれだ。アッシーだろうと、さらにメッシーだろうと、車で武装して女たちにアピールする涙ぐましい昭和後期世代の俺たちだ。

空前のバイクブームの餌食となった昭和後期世代

車に限ったことではない、戦後に雨後のタケノコのように乱立した工場は、そのほとんどが技術で生活を変えていくことをスローガンに掲げて成長していった。日本人持ち前の、器用さと勤勉さで技術はお家芸になっていく。

ホンダは、昭和21年に原動機付自転車の第1号機を製作した。その後次々に想定外のチャレンジを続けながら、目覚ましい発展を遂げた。

さてさていつもの余談ながら、雑誌『昭和40年男』の発行経験では、音響機器もキラーコンテンツだった。そのままに昭和後期世代は、ホンダとソニーに特別な感情を持つ者が多い。この２つのメーカーの記事は、大胆かつ慎重に扱った。

昭和後期世代にとって、四輪免許を所有できるようになる前夜とタイミングがシンクロする。空前のバイクブームが巻き起こった。

16歳から18歳の最も多感な３年は、バイクオンリー免許時代となる。

その主役は今も変わらずホンダだった。バイクブーム時の２位メーカー、ヤマハとの国内の熾烈なシェア争いはＨＹ戦争と呼ばれ、空前のブームに拍車をかけた。

昨今40万台程度に落ち込んだ国内販売台数は、ピークを迎えた昭和57年には３２８万台だった。昭和後期世代がいかにこのブームに踊ったかが顕著である。

ただしこれは補足させていただく。この台数に占める原付一種、俺たちが原チャリと呼んだ50ccのバイクの減少が著しい。ピーク時の３２８万台のうち、２７８万台が原チャリだったのだ。これに対して、現在の販売台数40万台に占める原チャリは11万台程度である。

空前のバイクブームに合点はいく。

『仮面ライダー』に育てられたのが昭和後期世代だから、世紀のビッグサイズとなったブームの立役者だ。それにしても『仮面ライダー』ってのは、どれだけ昭和後期世代の人生をバラ色にしたのだろう。いや、物欲ばかりをかき立てる、悪魔か？

いやいや、さあさあ、お立ちあい。ヤマハはこのHY戦争に敗れた。バイク業界に縁の深い筆者は、ホンダ・ヤマハマンと酒を酌み交わすたびに、当時のイケイケドンドンを知り、熱くさせられる。

涙と汗、努力とやんちゃ。一言でまとめれば、昭和熱だ。

やり尽くしたその末負けた悔しさを、当時営業の若手だったヤマハマンたちと、時代を越えて肴にする。ただし販売合戦には負けたが、ホンダとは違った哲学を持って次々と魅力的なバイクで昭和後期世代を誘惑した。これを讃（たた）える。

「感動創造」を理念に掲げて、ハンドリングのヤマハとの異名を誇る、官能的な走りを提供したのだ。

おっと忘れちゃならない。昭和後期世代のハートを直撃した、カタナとニンジャ。スズキとカワサキだ。

三つ巴ならぬ、国内4メーカー揃い踏みは、そのまま世界を代表するメーカーとなった。小さなスペースにビッグパワーを埋め込む技術は、箱庭や盆栽を愛でてきたDNAのごとしで、日本人の腕の見せどころである。

男心を揺さぶる爆発はより強く、より大きいほうがいい

原付バイクに跨(また)がり、生まれて初めてアクセルを開けた瞬間の感動は、チャリンコ（自転車）の補助輪が外れた時と同じく、翼が生えたがごとしだった。チャリンコよりも刺激的だったのが、エンジンの爆発による音と鼓動だ。男心を奮い立たせた。

昭和後期のクルマやバイクの開発は、エンジンパワーが力点だった。技術陣はより速いマシンを求め、生み続けた。

そんな時代を象徴するような男がいる。日本自動車殿堂入りも果たしているカワサキの大槻幸雄氏で、ミスターＨＰと呼ばれた。

HP？　ホースパワー、すなわち馬力である。

開発現場の指揮を執り、明快に馬力で引っ張った。このチームが、カワサキが世界に誇る名車「Z1」を世に放ったのだ。昭和47年だった。

今は昔、現代の開発プライオリティはパワーではなくなった。

燃費やユーティリティなんてことが叫ばれるようになったと思えば、あっという間に電気だの自動運転なんて女々しいところに力点が移っていった。

環境問題は子々孫々に対して重要な問題だ。そこは昭和後期世代の責務として捉えたい。だが、化石燃料をガンガン燃やして得た電気で走るクルマは問題解決とは程遠い。

だから夢は水素だ。

爆発のエンジン、内燃機が永遠に続くことを願う。

国内メーカーの必死の開発は続いていて、クルマもバイクも再びこれで世界を席巻する。モーターばかりに頼っている海外メーカーに、再び日本が水をあける。

その日は必ず来る。技術者たちには日本の昭和ミラクルを、夢をあきらめてない者たちが多くいる。

少し以前になる2021年に、トヨタの豊田章男は水素エンジンも含み「全部やる」と宣言した。この気持ちよさは、昭和後期世代の喜びでもある。

ホンダが教えてくれた熱き魂　出会いとなったのは意外な1台!?

エンジンネタだけに、爆発気味の前のめりになってしまった。どうどう。

昭和後期世代にとって特別なメーカーである、ホンダとの関係についてもう少し掘り込む。

昭和58年よりホンダは、F1にエンジンの供給で第2期参戦をスタートさせ、昭和63年にはアイルトン・セナとアラン・プロストを擁して、F1史上初となる16戦15勝を挙げチャンピオンに輝いた。この興奮は今も胸に突き刺さっていることだろう。

昭和後期世代にとって特別なメーカーなのは、前述のバイクとともに、このF1の強さも大きい。スポーティでエキサイティングなイメージだ。

加えてもうひとつ、間接的ではあるが大きな要因を見つけた。

昭和49年に発売され、センセーショナルな大ブームによって、俺たちはホンダスピリットにふれていたのだ。

ある日、社内でもアイデアマンの集まりと評価されていた、第五設計室という部署にアメリカで流行し始めていたスケートボードが持ちこまれた。

これによって誕生したのが「ローラースルーＧＯ ＧＯ」だ。

当時のホンダ第五設計室を引っ張った吉岡伴明さんは、これは楽しそうなものになるとは予感した。が、それだけでは売り物にならない。苦難が待つ。

開発当初は25ccほどの小さなエンジンを付けた。社内スタッフの子供らを集めた試作品の試乗会では大好評だったが、日本では免許の問題で子供が楽しめない。そこで開発されたのが、後輪をチェーン駆動させるキックレバーだった。

乗った記憶があるなら、あの独特の伸びる感覚にチャリンコとは異なる、モバイルの楽しさを知った瞬間だったはず。大人たちの本気の愛を受け取ったのだ。

瞬く間にビッグヒットになったのも、誰しもが記憶しているだろう。わずか2年足らずの短期間に１００万台が生産された。

だが残念ながら死亡事故が原因となり、「ローラースルーGO GO」は短命で姿を消してしまった。

本質のところを見つめたい。ホンダはガキどもに駆動の夢を見せたのだ。後にあれがホンダだったと知るか否かは問題でない。新しい技術に触れることの楽しさをガキどもに体感させたことは、巡ってホンダへと繋がっていくと考えればいい。

このループこそ、昭和の技術屋の、そして商売の哲学でもある。

ガキどもを乗り物の虜にした開発陣の熱は、未来永劫色褪せることはない。

明日への元気と夢があったあの頃を、ただ懐かしむだけの過去にしたくないのは、昭和後期世代共通の願いであろう。

昭和後期世代のクルマへの偏愛は池沢さとしによってもたらされた

昭和後期世代がクルマに強く憧れる、ひとつの要因にして最大の事件こそ、1970年代中期に突如として巻き起こったスーパーカーブームだ。まるで走る速度のままに、圧倒的なスピードで社会現象となった。大人になったら乗り回してやると夢見なかった男子は、ほぼおるまい。

後に空前の大ブームとなる起点は、『週刊少年ジャンプ』で連載が始まった池沢早人師（当時：池沢さとし）による『サーキットの狼』だ。彼がいなかったら、そしてこの作品がなかったら昭和後期世代とクルマの付き合いはまるで違っていただろう。興奮しながらブームに乗っかったガキの頃の俺たちは、クルマへの強いロイヤリティを、免許が取れるようになるはるか以前に形成したのだ。つまり俺たち世代の人生において、池沢は極めて重要な人物である。

池沢は、昭和45年に学園マンガ『あらし！三匹』でマンガ家デビューして、『週刊少年ジャンプ』で連載を続けた。得た収入で、一目惚れだった日産フェアレディZと免許を手に入れたのは20代前半の頃だ。スピードに魅了されていき、次々とクルマ遍歴を重ねていく。

やがて池沢は、本人だけでなく我々の人生をも変えた1台、ロータス・ヨーロッパと出会って〝しまった〟。『サーキットの狼』の主人公・風吹裕矢の初期の愛車だ。

ロータス・ヨーロッパの箱形のうしろ姿には色気がないと、レーシングカーのような大きなウイングを付ける改造を施した。

これを駆り、休みのたびに走り回る池沢はあることに気がついた。子供たちが駆け寄ってくる。みんながみんな眼を輝かしている。テーマにできると閃いたのだ。

理屈ではない子供の感性が、池沢や編集者といった大人たちを揺り動かし、昭和50年1月に、『サーキットの狼』が世に放たれた。

主人公で18歳の風吹裕矢が、クルマを通じて成長していくドラマだ。

ハイスピードで走らせるゆえ、社会問題であった暴走族と同一視されるのを避けるために、作品にはなるほど納得の工夫が施されている。

初期の作中のセリフに入れ込んだ。

「弱いヤツほど群れをなしたがるというが、あいにくオレはそれが大キライでな」

「オレは暴走族には変わりねえかもしれないが…、群れをなしたノラ犬とはちがうぜ」

などのセリフがそれだ。

さらに、ライバルよりも速く走ることに〝根性〟を入れ込んで、当時のスポ根全盛時代への対応もした。

だが連載初期はさほど大きな話題にならず、読者アンケートでも中位に埋もれていた。連載打ち切り直前まで追い込まれた時期もあったが、自分が好きなものを描くのだと我が道を貫いた。

ほとんどの子供にとって見たことのないスーパーカーが、作中でイキイキと走る雄姿に、次第に心惹かれていく。ついにアンケートトップに躍り出たのが、スーパーカーが勢ぞろいして火花を散らした、公道グランプリスタートの回だった。

池沢の描きたかった世界、そして彼が信じた世界とガキの頃の昭和後期世代の興奮がビッタリと隙間なくシンクロしたのだ。

この後、人気投票1位を2年間続ける圧倒的な人気作品となった。

後楽園で開催された伝説のイベントは20万のはずの当選者は？

マンガの人気沸騰とともに、ガキどもはスーパーカーの実車に羨望の眼差しを注ぎ込んだ。テレビ番組でもスーパーカーが取り上げられていき、ブームは沸点へと向かっていった。

連載開始から2年を経た昭和52年1月に、茨城県の筑波サーキットで日本初のスーパーカーイベントと言われている「スーパーカーフェスティバル」が開催され、同じく5月には晴海の東京貿易国際センターで、伝説のイベントと呼んでいいだろう「サンスター スーパーカー・世界の名車コレクション'77」が開催された。

当日は、会場から晴海通りまで入場しようとする人たちの長い列ができて大混乱になった。長蛇の列は、晴海の会場から東京駅の八重洲口まで続いた。

ハミガキ粉などで知られたサンスター（当時サンスター歯磨）が主催した、商品購入者を対象に応募抽選で入場券がもらえるというキャンペーンイベントだった。

当選者数は20万とされていたが、開催4日間の当選者は45万人にも上ったそうだ。

当選者全員が来ることはなかろうと、多くの招待券が配られてしまったからで、昭和らしいおおらかさが漂う。

現在だったらマスコミが「コンプライアンスはどうなっているのか」「子供たちに何

かあったらどう責任を取るんだ」などと、大げさなセリフを一斉照射したことだろう。

昭和に元気と夢があふれているのは、おおらかな社会がベースにもなっていることを忘れたくない。

「サンスター スーパーカー・世界の名車コレクション'77」は、昭和後期世代によって打ち立てたでっかい金字塔だと言っていいだろう。当時のガキどもの感性によって作り出した最大のムーブメントの証だ。

が、ブームはやはりブームである。移ろいやすいガキどもの心は次第に離れていく。だが池沢はこれに対して、スーパーカーブームは子供たちに何かを残していて、影響を与えていると姿勢を崩さない。

スーパーカーブーム時よりもう少し幼かった頃、特撮などの作られた世界に心奪われた。やがてそのカラクリに気がつくのが当然ならば、取って代わるのがリアルを感じさせる世界であることも当然である。

少しだけ成長した俺たちにとってスーパーカーは、リアルでありながらその超絶はまさしく〝スーパー〟であり、いつか手にするという意味でもリアルな夢を見せてくれたのだ。

クルマに見た昭和後期世代の熱い夢よ永遠なれ

パワー＝速さを、絶対的な価値基準にとらえていた昭和後期世代にとって、スーパーカーは完璧な存在だった。さらに圧倒的なカッコよさまでも兼ね備えていたのだからたまらない。

スーパーカーの両雄、ランボルギーニカウンタックの時速３００ｋｍと、フェラーリ５１２ＢＢの時速３０２ｋｍというデータを、昭和後期世代男子は誰もが記憶していることだろう。それほど心に刻まれているし、時速３００ｋｍは40年以上を経た今でも俺たちの目を輝かせる。

新幹線をも凌駕(りょうが)するスピードに興奮した小学生たちが、いつか乗り回す日に向かって夢を委ねたのが小さな消しゴムだった。

動力はＢＯＸＹのボールペンで、誰もが学校の机をコースに見立てて休み時間はレースに熱中したことも、忘れられない昭和の原風景だ。そんな風に過ごした時間も含め、クルマへの憧れは深く刻まれた。

池沢は昭和25年生まれの発展請負世代だ。彼によって〝何かを残した〟ガキどもは成長して、やがて社会を牽引するほどのクルママーケットを形成する。そのニーズに惜しみなき技術が注ぎ込まれて、日本のクルマは世界中へと飛び立った。

これまた、昭和のグッドループである。

昭和後期世代にとって、クルマはいつだって夢であり、憧れであり、関心ごとだった。若かりし日に、女の子狩猟ツールだったクルマは、草食などと呼ばれて久しい現代男子には不必要なモノに成り下がってしまった。所有する価値観が見出せないそうだ。

メーカー各社は、国内の若者のクルマ離れに頭を抱えている。バイクも同じく、新車購入者は昭和後期世代が圧倒的に多いのも、狩猟系の血がいまだに静まらないからではなかろうか。バイク業界は俺たちを、リターンライダーとよび珍重していた。

昭和後期世代男子たちよ。エンジン音と鼓動を愛し続け、男の中の男とともに燃やし続けようではないか。

第9章　昭和55年に入ったスイッチ

昭和レトロと80年代の大きな大きな差異とは？

昭和55年1月1日、東京が「ＴＯＫＩＯ」になった。

またも沢田研二かとお嘆きかもしれないが、これは糸井重里の仕業だからご容赦いただきたい。

昭和55年とは西暦で１９８０年代に突入した年だ。キラキラの「80年代」の幕開けだ。この章はテーマが「80年代」ゆえ、西暦表記をメインにして書き進めていく。

さて、自分も火をつけたその張本人の１人でありながら白状しよう。昭和レトロという言葉に抵抗が生じてきた。昭和の仕事現場で、この声が聞こえてくることが増えた。もしかしたら、同じように感じている方々が「昭和後期」という聞きなれないワードによって、本書を手にしていただいたのかもしれない。総じて、昭和への愛が冷めたわけでは決してないのだ。

他方、80年代というワードは昭和レトロよりもむしろ使い倒されているにもかかわらず、嫌悪感は薄い。

これはなんだ？

80年代は10年間でズバッと特定できるが、昭和レトロはあまりにも広いからだ。何をもって一般的とするかは置いといて、２００５年に公開された『ＡＬＷＡＹＳ三丁目の夕日』の舞台となっている昭和33年あたりから、終結はこれも一般的には昭和63年を指すだろう。

筆者は断然、平成元年の昭和64年までを昭和とする。これも「昭和後期」の定義に入れ込んでいるわけだ。

まあつまり、昭和レトロとは約30年間を乱暴に括れる。

80年代は「10年ひと昔」とも言われる、ひとつのナイスな単位であり、括るにはジャストサイズなのだ。

ここに昭和レトロと80年代の決定的な差異があり、どこをつかんでもそう呼称できてあふれ返った昭和レトロには、本来昭和ファンたちなのにやや食傷気味なのだ。

どっこい昭和には無限の資産がある。切り口によって鮮やかに語れる。だから、こんなにもネジの外れた書物を残すことにしたのだ。

社会の中間管理職？　鼓舞したバカ者

「昭和日本」ほどそそられるテーマはない。そこに潜んでいる最大キーワードは、結論から一文字でいけば愛だ。

最終章に向かってそこに至る偏った主張を、この第9章よりみなさんと共有していきたい。ロックライブでいうところのいよいよハイライトである。

ストーンズなら「ブラウン・シュガー」が今始まった。続く10章が「悪魔を憐れむ歌」、最終章が「サティスファクション」、アンコールとなる「おわりに」が「ジャンピン・ジャック・フラッシュ」といったリストだ。ああ、負けそう。

チャンス到来だ。この章の本論に入る前に、ひとつ意思表明したい。

2009年にビジネスで昭和と付き合い始めてから、一貫して発し続けてきた。「はじめに」でもさらっと吠えている。

昭和を懐古して「ああ、よかったよね。懐かしいよね」は、目指すところではない。常に発してきた。安酒場でも声を大にし続けている。

『昭和40年男』の初期ではなんと、目次前の冒頭ページを1ページ使って、「今、この本を手にしているあなたへ。昭和40年男とは？」とタイトルした檄文の連載を続けた。毎回まさしく手を替え品を替え状態で、同じことを言い続けた。およそ内容はこうだ。

・今、手にしたのはこの不思議な雑誌名のせいだろう
・立ち読みでもいい。まだ創刊間もないので付き合ってくだされ
・この雑誌はタイトルどおり、昭和40年生まれの男に向けて作っている。なぜ？　それは思いついた人間が昭和40年に生まれて、育った時代が大好きだから。日本はエキサイティングだった
・その元気な時代の豊かさ楽しさを栄養に育った
・昨今、日本はちょっぴり元気がない。これは社会のど真ん中にいる我々世代でなんとかせねば、食い散らかし世代になってしまう
・ガキの頃の元気な時代のモノコトから、今こそ学ぶべきことがある。懐かしんでる場合じゃない

・明日への元気と夢を信じて、子々孫々世代にために、さあがんばろうぜ

これらを千文字以上使って、２００９年の創刊号から２０１３年まで書き殴っていた。40代だった昭和40年生まれを、社会の中間管理職に就いたのだと鼓舞したバカ者だ。長い前置きになった。悪い癖なのを詫びます。

若者を引っ張った　やさしく、つよく、おもしろく

「ＴＯＫＩＯ」を作詞した糸井重里は、昭和23年生まれの発展請負世代である。昭和後期世代は、彼の手のひらで踊らされたとまで言うと、ご本人に叱られるだろうか？　なんせ「いまのキミはピカピカに光って」も糸井のペンによる。冒頭ではキラキラの80年代としたが、糸井の言葉を借りれば「ピカピカの80年代」でもよろしい。

そんな言葉の魔術師が発した、80年代突入の初日の高らかなる宣言が「ＴＯＫＩＯ」だ。

沢田研二は発売前日の大晦日に、70年代最後の紅白歌合戦で「カサブランカ　ダンディ」を歌唱している。この意味は結果的に深い。

またも余談ながら、この年のトリは演歌がえりして、五木ひろしと八代亜紀とがそれぞれ務めた。80年代の幕開けとなった翌年もこのコンビで、ごった煮ミュージック文化は健在だ。

戻す。沢田にまつわるこの大晦日と元旦は、実によくできたストーリーだ。

「カサブランカ　ダンディ」は、第3章で「衰退し始めていた〝男〟たちを憂えて、昭和17年の映画主人公へと想いを馳せて作られた」と記した。

男がピカピカのキザでいるべしと、軽妙になりかけた男たちへ70年代らしいメッセージを残した。その翌日、ナンパ時代の舞台となった東京を「ＴＯＫＩＯ」へとシフトさせたのだ。

鮮やかなる、ジャパン80スタートである。名実ともに、真の世界経済第2位に駆け上がる国民宣言にも取れる。

スーパー・シティが舞いあがる
奇跡をうみだすスーパー・シティ

いやはや軽妙にして力強い。

やさしい女が眠っている街で、哀しい男が吠えている。憂いをまとった、ただのナンパ男でないのもよいではないか。

糸井の言葉はいつも時代を作り、時代によって昇華してゆく。TOKIOと同様で、見事に空を飛んだ。

その媒体が、70年代の主役、沢田研二であることは自然であり必然だ。糸井の、いや日本の80年代宣言を託すに、これ以上の適任者はおるまい。

雑誌『ビックリハウス』やNHK『YOU』など、若者の文化横丁を丁寧に創りあげた人だ。あえて死語で表現すれば〝ナウでヤング〟すぎて、軽妙すぎるきらいがあるなと〝バンカラ〟諸氏は感じたかもしれない。

お恥ずかしいが、すでにキヨシローの洗礼を受けてしまってから始まった『YOU』

は、いけすかないと断じた。今考えれば穴があったら入りたいが、キヨシローの一途な愛は80年代においてさしずめバンカラだったのだ。そしてハイティーンなんてガラスのようなハートなのだから、何かを支持するには裏付ける否定要素を懸命に探してバランスを取るのだ。

若さとはバカさだ。

言葉の魔術師が平成10年に立ち上げ、現在も主宰する『ほぼ日刊イトイ新聞』の社是を読むと、糸井重里ワークスに昔も今も、やはり手のひらの上で踊らされていることを深く知る。

やさしく、つよく、おもしろく。

この社是について、『ほぼ日』での語りを要約させていただく。

この言葉順を大切にすると発していて、「やさしく」とは相互に助け合い、自分や他人を「生きる」「生かす」としている。これが3つのワードのトップに来ていることに、糸井の心を見る。

実現する力を「つよく」と掲げ、そして70年代より社会を創り上げてきた彼の本丸である「おもしろく」で締まる。

発展請負世代糸井はまだまだ日本を請け負って、愛を発し続けている。彼によって幕が開いた80年代を誇りたい。

もうひとつの「TOKIO」が俺たちに見せた未来と夢

「カサブランカ ダンディ」から「TOKIO」は、あまりにも鮮やかな例だ。

昭和53年の1978年あたりから、キラキラジャパンに向かって急速に、そして激しい地殻変動が起き始めていた。80年に到達して空気は一変したのだ。

象徴するキーワードの中の一番星は、デジタルだろう。生活を変えよう、よくしようとあらゆるジャンルでトライが実践された。

マイコンと呼ばれた後のパソコンはもちろん、家電やシンセサイザー、クルマなど80年代よりデジタル技術が本格的に浸透を始めた。

ガキどもにデジタルを身近にした『スペースインベーダー』のブームまっ只中に、またもや強烈なデジタル体験をした。78年の11月に、ＹＭＯが最先端ミュージックのテクノポップを引っ提げてデビューしたのだ。

デビューアルバムの『イエロー・マジック・オーケストラ』のセールスは伸びず、昭和後期世代の話題にもなることはほとんどなかった。ただ、インベーダーブームのおそらく沸点に達した頃なのが、これまた呼び寄せたかのごとしである。昭和は赤い糸で結ばれているどころか、こんがらがっている。

翌年9月25日『ソリッド・ステイト・サヴァイヴァー』をリリースした。とはいえ、昭和40年生まれで〝触覚〟の高くなかった中2は、このアルバムに接触することはなかった。が、フジカセットＣＭで使われ、否応（いやおう）なしに耳に飛び込んでくる。これは昭和後期世代の共通体験だろう。

「カ、カッ、カッコいい」と、無思考でただ飲み込んだ。

これ、実は昭和の幸せなところで、想定外過ぎる現象に昭和後期世代は度々出くわす。その度無思考にさせられた。

言葉で80年代の東京を「ＴＯＫＩＯ」へと変えた糸井に対して、ＹＭＯはサウンドで作り上げていた。ヴォコーダーを通してトキオを名乗ってはいるが、それもサウンド領域である。

タイトルの「ＴＥＣＨＮＯＰＯＬＩＳ」は高度な技術を駆使した都市を指す。ガキの頃見た、クルマが飛びながら走るパイプが張り巡らされた街のイラストを、まるで音で表現したような世界観に驚愕した。

デジタル、未来、そして「ＴＯＫＩＯ」と呼んだ東京を結びつけて、夢を見た。だが足元を見ればまだまだ貧しい街並みだ。木造の長屋だって、通った銭湯だって東京であり「ＴＯＫＩＯ」ではない。それでも、夢は見せてしまえばそこへと向かう。

これまた昭和マジックなり。

沈まぬ太陽を信じていた昭和後期世代は、それどころかどこまでもいくとしか考えなくなったのが、１９８０年である。

ＹＭＯのインテリジェンスは、笑いの世界にまで及んだ。ＹＭＯに限ったことなく、80年代の空気は才能をひとつ所に封印しない空気が漂った。前出の糸井もそうだ。クリエイター発想である。

ＹＭＯは『ソリッド〜』に続いて、80年にはライブアルバムを1枚挟んで新作となるミニアルバム『増殖』をリリースした。スネークマンショーとのコラボで制作した野心作はオリコン1位を獲得する。音楽にサブカルチャーを持ち込んだ、まさしくクリエイティブワークである。

細野晴臣が昭和22年生まれ、高橋幸宏が昭和27年で坂本龍一も同じく昭和27年で、本書の定義する発展請負世代のトリオであり、高橋と坂本がセンス確立世代にまるで足を突っ込むような最終年である。

おっ、またもチャンス到来。

ここら辺は定義であり、もちろん明確な壁ではない。ただ、偏りながら懸命に挑んでいるわけだ。今さらながらどうぞよろしく。

デジタル&パーソナルが起こした2年の地殻変動からゴールへ

80年に突入の象徴キーワードで、もうひとつの一番星というのはおかしいが、ほぼ等しく重要なのがパーソナルだ。昭和後期世代をパーソナルへと没入させたのが、やはり『スペースインベーダー』となってしまう。時代を引き寄せた革命で、現在に至り過小評価に感じるほどだ。

インベーダーゲームは、遊びの中にあったワイワイガヤガヤを封印させて個にした。2人プレイもパーソナルvsパーソナルである。やられた時も休憩に過ぎず、相手のプレイ中に話しかけるのも邪魔になるだけだった。

だがまだ、プレイゾーンへと「一緒に行こうぜ」の合言葉があった。78年にこじ開けられたパーソナル社会は、80年の到来でこの合言葉さえも奪ったのだ。

前出もしているが、ここではパーソナル社会の幕開けとして再登場願う。

ゴールデンウィークを目前にした4月28日に『ゲーム&ウォッチ』がガキどもに放たれた。ふたつの関係性とタイミングは、まさに78年に起きた地殻変動からのチェッカーフラッグのごとしで、寸分狂わず80年代の幕開けにピタリとハマった。

ソニーの大発明が追い打ちをかける。

そもそも、日本初のトランジスタラジオを昭和30年に発売して、個のエンジョイ世界を創造したメーカーだ。

音響機器の前に縛られることなく、その名の通りウォーキングしながら音楽を聴ける日が突如やってきた。現在に至る、若者と音楽の接し方の革命を起こしたのが、79年に降臨した『ウォークマン』だった。

前年に『スペースインベーダー』で、個の遊びを知った昭和後期世代は、またも未来を一気に手繰り寄せた。

マーケットイン糞食らえ　ライフスタイルシフトでヒット

80年代前夜のジャパンプロダクトは、どのジャンルでも次々と革新的な技術が注ぎこまれていった。そんな中でも、昭和後期世代にとって音楽を聴くためのハードは、乗り物と双璧をなす消費癖刺激ジャンルだ。

ステレオはコンポなんてオシャレなものでなく、アンプにスピーカー、レコードプレイヤーにカセットデッキなどなど、それぞれに選び抜いてセットアップするのが夢だった。

ラジカセは大きければ大きい方がいい、そしてハイメカをこれでもかと搭載したものがいい。実に男らしく単純明快なウォンツを持っていた。

そんな男たちを嘲笑うかのように、「小型のテープレコーダーに再生だけでいいからステレオ回路を入れたのを作ってくれないか」から始まった『ウォークマン』の開発があった。

声の主はSONY創業者の1人、井深大である。

出来上がった試作品を、もう1人の創業者で当時会長の盛田昭夫に聴かせたところ、若者の必需品になると直感したそうだ。

だが社内には、録音機能がなければ売れるわけがないとの声が大きかった。盛田は「全く新しい商品なのだ」と押し切り、早期に商品化することを指示した。昭和のトップダウンは強い。データ依存のマーケットインでなく、いいものをお届けする直感に、商いの命運を委ねていたからだ。

こうして79年の7月1日に、全国で一斉に発売された初代『ウォークマン』で、発売当初こそ売れ行きは鈍かったがブームとなるのにそう時間は要さなかった。

通勤・通学時間に聴ける。音楽を外に持ち出して自分の思うがままに聴ける。アウトドアスポーツやファッションといった、若者文化との親和性も高かった。カセットテープを〝見せる〟カッコよさもあり、おしゃれなものが各メーカーから発売されるようになった。

糸が繋がっていくではないか。

「TECHNOPOLIS」を起用したフジカセットのCMと、カッコよさの双璧をなしたマクセルは、山下達郎の「RIDE ON TIME」を使った。80年の作品だ。

初代『ウォークマン』は、発売翌月に用意した3万台を売り切った。その後生産が追いつかず、品切れ状態が続いたという。このヒットを、最も多感な時期に経験できた昭和後期世代である。

『ウォークマン』はそれまでの電気製品と比較して、あまりにも大きなシフトチェンジがある。〝スタイル〟であり、〝ファッション〟の領域にまで踏み込んで売ったという点だ。

酷似したヒットに、それまで巨大化路線だったラジカセの群雄割拠に一石投じた、サンヨーの「おしゃれなテレコU4」がある。同じく80年代突入前夜、79年の発売だ。78

年と79年はまさしく地殻変動期である。

戦後復興から次第に生活が豊かになり、よりよい未来に向けて次々と生まれた課題において、『ウォークマン』もまたひとつの極まりだと捉えるべきだ。

ＳＯＮＹスピリットの到達点であり、日本の豊かさのゴールであり、さらなる起点でもある。

１９７９年に衝撃のデビューとなった初代に続き、81年2月に『ウォークマンⅡ』が発売された。一新されたデザインはよりさらなる未来を感じさせ、機能性もしっかりと押さえた上で美しすぎるボディを実現した。

これも当てはめて論ずれば、70年代と80年代が見せた世界観の差異だ。前述したジュリーの2曲ともシンクロする。昭和後期世代にとって、ＳＯＮＹデザインの代表とは『ウォークマンⅡ』で異論あるまい。

『ウォークマンⅡ』のデザインは、テープが見える面を〝裏〟にしてフェイスを作った。そのフェイスに配置されたボタンが斜めになっているのを含み、このデザインは今もまったく色褪せず、ゾクゾクするほどセクシーでファッショナブルである。

カラーリングバリエーションも悩ましいほどよく、２５０万台を売る大ヒットとなったのは当然の結果だ。

80年の歌謡界の偶然もまた昭和の色をありありとみせる

80年という年を象徴する事変で、本書に登場したミュージシャンによる２つのエピソードを共有したい。

79年10月に、山口百恵はステージで告白した。

「私が好きな人は三浦友和さんです」

初共演は江崎グリコの「プリッツ」だった。以来、ドラマに映画にと共演を見続けた、子供心にお似合いのカップルだった。

告白から1年後の10月5日に、武道館でファイナルコンサートが行われた。白いドレス姿でアンコールに登場して「さよならの向う側」を歌い上げた。

作詞はもちろん阿木燿子で、曲は夫の宇崎竜童による。

「曼珠沙華」「プレイバックｐａｒｔ２」など、数々の名曲を提供してきた夫婦からの、最後の贈り物だ。

歌い終えてマイクを置いた山口百恵の姿は、引退後の静かな人生を含み、昭和の女と呼ぶにふさわしい。大和撫子であり菩薩である。

この年、松田聖子時代が始まった。

『ザ・ベストテン』においても、わずかながらの被りがある。まるでバトンタッチだ。デビュー曲の「裸足の季節」こそトップテン入りは果たせなかったが、セカンドシングルの「青い珊瑚礁」が初めてランクインしたのが、8月14日だった。

一方、山口百恵が最後に『ザ・ベストテン』に出演したのが、9月25日だった。10位の「さよならの向う側」で同番組では、たった一度の共演だった。「青い珊瑚礁」はこの日、1位を獲得している。トップ女性ソロシンガーのバトンタッチだった。

聖子の特筆すべきは、80年代の到来をそのままにしたようなキラキラ感である。パンチの効いた声と歌唱もそれまでのアイドルとはまるで違っていた。

楽曲提供する作家陣も豪華で、次々に〝絶対に売れる〟楽曲を受け取った。バンドアレンジと演奏も完璧でカッコイイ。日本語でなかったらまるで洋楽であり、歌謡曲という範疇(はんちゅう)や概念をガラリと変えた。

商品こそ異なるが、友和と百恵同様江崎グリコのCMで、田原俊彦と共演している。今見ると恥ずかしいほど初々しい2人は、昭和後期世代に百恵・友和の道を歩むのかと予感をさせたが、これは皮肉な共演になったと言わざるを得ずだ。

それにしてもだ。

このCMで爽やかに、ハッとしてグッときて、アーモンドチョコレートをかじっている裏で、「TECHNOPOLIS」「RIDE ON TIME」がパッケージされたカセットテープのCMがそれぞれ流れていたのだ。

80年代の幕開け後も、ブラウン管のパワーは増すばかりだった。

百恵と聖子にまるで透けて見えてくる。昭和はやはり80年を境にフェーズを変えた。百恵は昭和34年生まれのセンス確立世代の末っ子で、聖子は昭和37年生まれで昭和後期世代のほぼ長女である。

ああ、いとおかし。

80年にきっかけをつかみ沸点を迎えたキヨシロー

1970年にフォークロックスタイルでデビューしたRCサクセションは、くすぶり続けていた。

ロックスタイルに移行しながら、80年の1月に「雨上がりの夜空に」をリリースして活躍の舞台を上げた。ついにスイッチが入った。

6月には同曲を収録した、エネルギーほとばしるライブアルバム『RHAPSODY』をリリースして成功を収めた。

勢い止まらず、秋には「トランジスタ・ラジオ」がスマッシュヒットして、収録したスタジオアルバムの『PLEASE』で、ロックスターへと完全に軌道にのせた。

80年はRCサクセションにとって、戦闘力を完全装備した大きな年だ。翌年のアルバム『BLUE』を経て、82年に人気も話題も沸点を迎える。

昭和後期世代がまず度肝を抜かれたのは、キヨシローが坂本龍一とのダブルネームでリリースした「い・け・な・いルージュマジック」だ。大ヒットしてテレビ出演も繰り返すサービスっぷりが大歓迎だった。

ただプロモーションビデオに驚愕した。２人はキスシーンを演じた。

これを手掛けたのが、糸井重里と同じく時代を創造したクリエイターの川崎徹だ。彼の仕事に郷ひろみの「ハエハエカカカ　キンチョール」がある。昭和後期世代なら誰しもがピンとくるだろう。このカラッとしていて、ユニークなCMは81年の作品である。

その彼がこの翌年に、問題のフィルム制作に加わっているとは、糸井同様に手のひらで踊らされた。

彼も糸井と同じく昭和23年生まれの発展請負世代だ。

「い・け・な・いルージュマジック」のヒットはRCにさらなる勢いを与えた。夏に「夜のヒットスタジオ」で大暴れした「SUMMER　TOUR」を大ヒットさせた。止まるところを知らず、8月7日には横浜スタジアムで、「THE　DAY　OF　R&B」とタイトルされた大イベントを開催した。

仰天させられた。このイベントに、R&Bの大御所であるサム&デイヴのサム・ムーアと、R&Rの神様、チャック・ベリーを招聘(しょうへい)したのだ。コンサートの内容もさることながら、ロック後進国の日本のバンドがここまで来たのだという感慨深さに胸を打たれた。

70年代とは何かが変わったのだと、感性で捉えた暑い日だった。というのも、幸福なことにこの現場を目撃している。

アンコールで坂本龍一と矢野顕子が現れたのも、なんとも豪華に感じた。クソガキは「い・け・な・いルージュマジック」を期待して胸が張り裂けそうだったが、これは空振りだった。

RCの82年の仕上げが、「SUMMER TOUR」を収録したアルバム『BEAT POPS』のリリースだ。カラフルなジャケットが印象的で、80年代ライクである。メンバーの化粧が断然濃く、80年代の香りがプンプンする。

と、82年はRCサクセションとキヨシローが、最大の喝采を浴びた年だ。

忌野清志郎は昭和26年生まれの発展請負世代のほぼ末っ子で、センス確立時代に足を突っ込んでいる。いや、彼をセンスと片付けたくない。愚直なる愛の男だ。

第10章　バブルに踊れ　ダンシン　ダンシン

昭和後期世代とバブルを一括りにはできぬが

前章の80年代からキラキラとした時代を謳歌し始めて、いよいよ昭和も仕上げの時期に入る。ここにドーンと横たわる、バブルは避けては通れないテーマだ。

経済誌的にバブルを論じたり、あの時代の功罪をネチネチとする気は無い。昭和後期世代はカラッとバブルを振り返って、大笑いするくらいがよいだろう。

ただまず、年代との整合性は確認しておこう。

バブルの取り上げ方はいろいろあるが、昭和60年のプラザ合意を引き金としていいだろう。80年代突入時の空気の変化が、一段ギアを上げた感じがしたのを20歳で感じ取った昭和40年生まれである。

昭和後期世代の〝長男〟は25歳で、〝末っ子〟は11歳だ。影響に大きな差異が生じるから、バブルに関しては昭和後期世代でひと括りにできない。

ただ常々思う。団塊ジュニアはバブルの恩恵は知らぬし、就活は苦しんだのにネアカ世代だ。やはり出生人口は大きい。何かと勢いがあり競争する学校生活を送り、社会に出てくる。

さらに恵まれたのが、親世代が発展請負世代なのだ。ここでは団塊世代とすべき、バブルの張本人がご両親である。

だからだろう、上の世代にも堂々と渡り合おうと奮闘する。へこたれない逞しさを標準装備しているのだ。

ということなので、バブルなんか全然わからんとせず、どうぞお話だけでもお聞きいただき、ダンシンダンシンを楽しんでもらおう。

団塊ジュニア以降だって、幼少期より幸せに大人の階段を上がった。

少なくとも、昭和40年に生まれるより、昭和50年に生まれた方が街はキレイだ。ドブの氾濫も減った。食い物はうまいし豊富だ。こちとらスパゲッティはミートソースとナポリタンだ。パスタだカルボナーラなんざ単語はなかった。

駄菓子屋は減ったが、あちこちで24時間「開いててよかった」を享受しているではないか。おお、なんと豊かだ。

昭和後期世代は上に行けば行くほど貧しさが多く残っていたのだ。

センス確立世代はバブルの名サーファー&スキーヤー

昭和後期世代とバブルの関係は後回しにして、まずはよりダンシンダンシンした先輩たちを考察したい。まずはひとつ上の、センス確立世代だ。

さてここで重要なのは、崩壊はいつだ。

異論反論あるやもしれぬが、大蔵省が不動産向けの融資を抑制する規制をした。平成2年3月のことだった。膨らみ続けてきたバブルが弾ける引き金となり、資産価値の下落が始まったのだ。

これには筆者の昭和愛も含まれる。

ここに設定することでつまりだ、昭和64年までがバブルで、翌年から崩壊と言えてしまう。ああ、我ながら偏っている。

一応のエビデンスはある。前述に加え、平成には移り変わりはしたが、昭和64年の大納会がバブル期の株価最高値を記録した。どうだ、これで決まりさ。

はめてみよう。

バブルは昭和60年から64年だ。センス確立世代の末っ子が26歳から30歳までで過ごし、年長が32歳から36歳までとなる。

実際にはバブルは余韻を残したから、暗い気分になるまではもう少し歳を重ねる。ともかく、無敵の年代にバブルを享受している。

これはいい。体力は無理が効くし、仕事力がもっとも伸びる頃だ。未来へと人生が広がってゆくターボをかけるがごときバブルがあったのだ。

著名人で見てみよう。

センス確立世代の末っ子になる、昭和34年生まれでバブル香る人といえば、池上季実子をあげたい。カメリアダイヤモンドのCMモデルを務め、気品があり美しかった。CMの締めでアナウンスされた「じゅわいよくちゅーるマキ」の響きもバブリーだ。

さらに杉山清貴、やくみつる、京本政樹らが並び、バブリーでありサブカルの香りがしたり、なんともキラキラ感もある。

では年長ではどうだ。昭和29年生まれにクイーンがいる。

『SURF&SNOW』の松任谷由美だ。

若者たちをキラキラにし続けて今にまで至る。昭和後期世代にとってのバブルとは彼女だ。苗場プリンスだ。日本のセンスを確立した盟友、桑田佳祐はユーミンより2つ下の同世代だ。

池上と同じく、カメリアに起用された秋吉久美子もああ美しい。

年長組男性陣では、28年に山下達郎、国広富之、29年には石田純一に古舘伊知郎、ルー大柴のような濃い人も並び、バブルの王様感があるではないか。

キング・オブ・バブルは!?　納得の男がいた

ひとつ上の発展請負世代は末っ子で33歳から37歳、年長で40歳から44歳まで、バブルど真ん中の社会でダンシンダンシンを楽しんだことになる。

この世代を代表する、完璧な男がいる。

島耕作だ。

昭和22年生まれだから、彼の華麗なるサラリーマンサクセス人生こそがそのままバブルの正体と言ってもいいだろう。

明晰な頭脳を持ちながらも、努力を惜しまないその姿はまさしく昭和の男である。人柄まで併せ持ち、なんといってもモテる。昭和後期世代男子が尊敬する、完璧すぎる上司だ。キング・オブ・バブルの称号は彼に送ろう。

実際の社会でも、この世代は影響力大だった。

ただし、バブリーというよりは体育会系で、猪突猛進型が多い。

怒鳴り散らしながらも、ケツはしっかりと持つ。根っこの部分に人情とやさしさを蓄えているから、大声を出すのは叱りであり、教育だったのだ。怒りではなく、奥から愛がたっぷりと滲み出てくる。

親父と兄貴の中間層で、昭和後期世代に日本がなんたるかを社会勉強させたのは、紛れもなき彼らだ。やはり戦後発展の請負人なのだ。

バブルを享受したしなやかさでは、我ながらよく名づけた「センス確立世代」がいい。職場でもプライベートでも、じっくりと話を聞いてくれる頼りになる先輩だ。もちろんおっかないのもいたが、キング・オブ・バブル世代としたい。

戦争体験世代は、バブル期の社会において絶対的な上司として君臨した。成功を収めたお金持ちたちは、投資で世の中の金を増やし、日本経済を明るくした。

昭和一桁生まれたちの大多数は、ささやかな幸せを成就させた仲睦まじくといったご夫婦だろう。戦後を苦しみ抜いた同志でもあるお2人だ。

真面目に辛抱強く働き続け、子育てと住宅ローンも終えた。社会からの引退が見え、安穏の人生を目前にした。そんな幸せを、詐欺まがいの錬金術で奪った例が多くあったことは、バブルの負の遺産として記しておく。

バブルの正体とはなんぞや　今ならこうだと言える!?

昭和後期世代の成長期から青年期は、完全にマスマーケティングの時代だった。革新的な技術を盛り込み、時代やターゲットの嗜好に合わせて商品開発して大きな消費を呼び込む。

前章で『ウォークマン』がマーケットインでなくプロダクトアウトだとふれたが、バブルとはここに大きな影響を与えたと、さあぶった斬る。

80年に突入してバブルへと向かって消費が加熱していく中で、ただ〝いい〟だけで売ることが困難になってきた。ましてや当時はマスマーケティング時代で〝仕掛け〟が極めて有効になってくる。

タイミングや社会の流れを読み、組み合わせて企画を練り、新しい要素を探しながらクロスさせる〝仕掛け〟は、大人たちの仕事、いや、〝おもちゃ〟としてそれはそれはおもしろい。

テレビや新聞、雑誌にラジオの4大メディアの影響力が、現代とは比べものにならないほど強大だった。

メーカーの宣伝担当たちは、大手広告代理店と共に夜な夜な銀座に繰り出しては壮大なスケールで遊んだ。

悪しき習慣のように捉えられがちだが、24時間働くことを厭わない企業戦士たちにとって、繁華街での接待は束の間のオアシスでありながら、〝仕掛け〟を創造し熟成させる仕事場だったのだ。

時給換算したら、当時のギャラはずいぶんと低い。

現代のように、呑みに行くのを断れる空気はゼロだった。いや、喜んで付いて行ったのは仕事だったし、〝おもちゃ〟で遊べるからだ。

開発の前段でも仕掛けが肝になってくる。マーケットインだ。

ここでは、商品企画やマーケティングといった部門が、広告代理店とやはり銀座という会議室を使う。

「売れるものを作っちゃうぞ、さあ、作戦作戦‼」と、プロダクトが生まれる前段に重きがいくようになっていく。悪ノリとも取れなくもない場面もあったかもしれない。ただその悪ノリが、偉大なプロダクトを生むこともままあるからやめられない。

しかし、過程の真ん中で奮闘する開発担当者は銀座に行かない。技術屋にそんな時間はないのだ。同じ24時間の戦いも、前後担当者は銀座で真ん中は現場だ。

これを技術屋たちは理不尽とはしない。人付き合いよりも、美しいホステスよりも、図面が生きがいの日本の宝たちだ。いやいや、前後の仕事にも頭脳が結集して大きなビジネスを創造していくことに真剣だった。

さあ、偏った主張を聞け。

バブルが株価や為替、土地の時代だとするのはナンセンスだ。

モノづくりジャパンにおいて、そんなあぶく銭はたかだか肥料でしかない。社会に潤沢に金が回り、次々にモノコトを生めた時代なのだ。

大切なのはそれによって、優秀な頭脳と技術、24時間戦うやる気ある人間が結集して、常に高みを目指したことだ。これをバブルとすれば、なんと痛快だろう。

昭和後期世代に言わせれば、そうやって生まれた熱を享受し続けることができた。これこそがバブルの正体だとしよう。だってさ、銀座に行ってないもの。

へいっ、お届け!! 広告業界最下点男の重要任務

バブル時代の、小さな小さなある夜をご紹介する。

総勢4名の広告代理店に勤めた経験がある。新人ながら、接待があれば連れて行ってもらえた。社長が新人のバカたれを同行させたのは、便利なパシリとしてだ。

下請けで仕事を受注していた中堅広告代理店様の接待だった。まとっているスーツやジャケットは、圧倒的にバカたれよりバリっとしてカッコいい。上長以下、チームでおもてなしの席だ。大切な接待だ。

年下ながら上から見下ろす男がいた。仕方がない。売れないミュージシャンは、地下に潜っているような生活を長くしていたわけで、業界歴が断然短い。それにクライアント様だと喜んでお酌した。

広告代理店の宝刀〝仕掛け〟を好み、なんでもかんでも躊躇なく口にできる彼は、チームの中で重宝される若者だった。加えてピカイチのナウで、文字通りヤングだ。まったく歯が立たない、こちとらなんせバカたれパシリだ。屈辱感を味わいつつも、酒席そのものにはワクワクさせられたのは、話は仕事に終始してテーマが〝仕掛け〟だからだ。

彼らは大手メーカーだったり、大手百貨店をクライアントにしていて、代理店同士でコンペを戦うことが多い。仕掛ける能力を問われるわけで、やる気と時代を動かしてやろうという気概に満ち満ちていた。酒の量と比例して話のスケールもビッグサイズになっていく。これにパシリは酔いしれた。

が、酔ってばかりはいられない。この席での最大かつ、唯一のミッションが訪れる。

宴は終盤だ。社長は顎で「行け」とサインを出す。

「合点承知の助」と心で叫び、夜の街へと走り出すのはそのままにパシリである。まるで中坊の頃を彷彿させる。

店は社長の馴染みの赤坂の店だった。

電車がある時間だろうが、街にはタクシーを待つ難民であふれていた。乗り場に並んだらどれだけかかるかわからない。

何度もこなしたこのミッションの経験から、裏技を習得している。タクシー難民だらけの赤坂の街から乃木坂方向に走り、向かってくる空車に手をあげてはさっきまでその一員だった店の中の輪に戻る。

「1台目はどなたでしょう」と促し、それを繰り返す。

相手が4人だったから、当然ながら4回ダッシュだ。最下点男はなんとかやり切った。

昭和後期世代にとってバブルの功罪とは？

こうして接待相手全員を帰した後、社長と場末感の漂う居酒屋で呑み直す時間が訪れた。

さっきまでの接待で広げた大風呂敷を、小さな我が社がどのように関わるかの話に花を咲かせ、仕掛ける男を夢見たのである。

そんな風に、少ないながら予算と夜の時間を使ってまで、仕事というおもちゃで遊ぶのに没頭していた。そんなバカな男たちの、明日への夢こそがバブルの本丸だ。

銀座だけでない。この居酒屋での社長との時間も、バブルなのだ。たった4人の広告代理店でさえ、そのおはちは回ってきたことになる。

昭和後期世代にとってバブルは、キラキラした時代と潤沢に金がうごめく末席で、ダンシンシンダンシンシンした。加えて潤沢な金の巡りでマーケットインしてきた、たくさんの愛が詰まったモノコトを楽しんだ。これぞ恩恵である。

功罪についてはネチネチしないとしたが、それは社会経済学的なという意味で、心の部分でここまでが功績である。罪禍が横たわるのも開いておきたい。

1993年、平成3年より本格的に始まる就職氷河期に、昭和後期世代さえも直面してしまう。

申し訳ない、昭和40年生まれの周囲はバラ色だった。地方大学から東京に就活に来たタメ年の友人は、交通費や経費などの負担があり、複数社受ければ「いいバイトだった」と証言している。

だがたかだか数年後には、まさかの真っ逆さまだ。

「衣食たりて礼節を知る」とはよく言ったもので、社会が殺伐としてくるのを肌で感じた。

インターネットや、ましてやSNSなどない時代に、分断社会がジワジワと始まってしまったのだ。さらに加速した個の社会だ。

「武士は食わねど高楊枝」

この美しい言葉は、現代社会では機能不全だ。

失われた30年と名付けられた社会で、ハラスメントとコンプライアンスの定義だけが跋扈する現代に転げ落ちた。

だから今こそ、昭和後期世代は責務をまっとうすべきだ。

同世代諸氏に問う。

分断社会によって、逆に下の世代を遠ざけてはいないか。よくわからないと、かつて新人類と呼ばれたように扱っていないか。

では当時、そう我々を蔑んだ先輩たちは遠ざけたか。否である。

怒鳴ったし、時には殴られたかもしれない。多くが必死に心の中に飛び込んでくるのを繰り返してくれた。人間だから相性は当然ある。すべてを受け入れることはできないが、次々とそんな先輩が現れてくるから、やがて引っ張ってもらえた。

「いやいや、呑みに誘うのもハラスメントだから」

「あれもこれもコンプライアンス違反でがんじがらめだ」

こう言い訳しながら、壁を作ってしまうのは思考停止の罠だ。分断への直行列車だ。

下の世代の誰もが本当に避けているか。これも否だ。

我々は、昭和にあふれていた愛を享受してきた。古今東西、人間社会は進化している。

つまり受けた以上の愛を放出しなければならぬ。
懸命に入っていって、こちらを向かない恐怖はある。だがこれは、避けられても年長者がタフに流す立場でないか。自分たちと先輩に相性があったように、彼らにも当然ある。

信じられぬと嘆くよりも
人を信じて傷つくほうがいい

昭和54年に金八が贈ってくれた金言を、今こそ実践してみないか。
あらぬ方にダンシンダンシンしたと思うなかれ。悪しからず。

第11章　昭和は続くよいつまでも

太古より磨きに磨いた日本人の武器

長い時空の旅は、ついに最終章を迎えた。

ここまで、昭和後期の起点は昭和46年として堂々論じてきた。ではその根拠について、ダメ押しとなる主張をさせていただく。

昭和中期の最終年としたのが昭和45年で、これは万博というチェンジャーが最大要因である。

ただし、この偉大なるイベント開催以前にも、ワクワクドキドキする地殻変動のネタがわんさかある。これを前提にせず語るにあらずで、ハイスピードの旅にお付き合いいただく。

日本人持ち前の勤勉さを駆使して、戦後復興期を乗り切ったのが昭和31年だ。

「もはや戦後ではない」宣言である。

勤勉であることに加え、器用さと模倣力も世界に誇るべき日本の地力で、経済大国へと舵を切る潜在能力が従分に備わっていた。

大袈裟な話をする。

日本人は太古より、模倣にアレンジを加えていくことで文化を築いてきた。大陸の文化が入り込んで来るものの、陸続きでないから大陸社会に比べればその量と頻度が格段に低い。

だからである。伝わってきた文化を大切にしながら、独自アレンジを施すことが得意になった。これは地の利がもたらした技術と捉えていいだろう。

八百万（やおよろず）の神と暮らしてきたから尚更（なおさら）だ。大陸からのありがたい教えも、都合よく進化させてしまう。

そんな独特の環境と習慣から、鎖国下でも秀逸なエンタメを生み出し、発展させるクリエイティビティを持った。

江戸時代はカルチャー百花繚乱となる。

歌舞伎や相撲、浮世絵に邦楽、俳句と短歌などなど、現在に至っても世界を驚嘆させている。

江戸時代に開花したクリエイティビティは、明治から大正、昭和へと受け継がれた。

だが昭和ではいったん解体されたがごとき敗戦がある。クラッシュ&ビルドの経験だった。

国土の壊滅だけでなく、戦前からの思想・文化も壊滅的な状態になった。アメリカ統治だ。

だがこれもしなやかに建て直したのがミラクルだ。

欧米文化を吸収しながら、太古よりの日本の心で磨いていった。この謎の正体は後述するが、非物質面で心の支柱があったから、物質的な目覚ましい発展も容易に進んだ。

昭和後期世代がガキの頃、模倣と恥ずべきバッタもんは多く存在した。だが当初はそうでも、独自のプロダクトに昇華させるのは、古代より続いた日本人の都合よく進化させてしまう感性によるものなのではないだろうか。ありがたや。

勤勉さと器用さ、そしてこの模倣力の三拍子が備わった総合的な技術力を誇るのが日本人だ。

デトロイトに競り勝ち決定したオリンピックとその後の因果関係

高らかに発せられた「もはや戦後ではない」宣言によって、合言葉は復興でなく発展に変わった。

昭和33年には、夕日に映える東京タワーを完成させた。復興期を完全に終えたことを象徴する333メートルは、今も昭和のシンボルである。昭和後期世代の多くが、スカイツリーより赤い方を好む。

さあさあ、実は奇遇の昭和33年なのだ。

第1章を飾ってくださった、安藤百福の大発明『チキンラーメン』の発売年でもあり、3分間という日本の生活に浸透する数字単位が刻まれた。

後楽園では、4月5日に長嶋茂雄がデビューした。昭和を太陽のように照らした、背番号3番の躍進が始まり永久欠番は今も続く。

昭和ジャンキーはこんなことを見逃さず、昭和33年の赤い糸と主張するのをご笑止くだされ。

東京タワーの12月開業の興奮冷めやらぬ翌年5月26日に、東京オリンピックの開催が決定した。希望の華が、さらに大きく咲いた。

昭和15年に開催が予定され、中止に至ってしまった東京オリンピックは、19年後にリベンジを決定させた。この時、競り勝った都市にデトロイトがあるのを偶然で片付けたくないのは、やはり昭和ジャンキーの性である。

少々意地悪が入るのをご容赦あれ。

五輪決定により、日本の発展スピードに拍車がかかった。インフラが急ピッチで整っていく。そこに多くの産業が乗っかっていく。大黒柱である自動車産業は、日本経済の牽引役となってやがて世界をひっかき回した。

昭和60年頃、奇跡のごとき経済発展に対し、アメリカはジャパンバッシングを高めていった。

その渦中、自動車産業の中心地デトロイトで、日本車をハンマーでぶっ叩く映像がブラウン管に映し出された。偶然で片付けないとしたのはこれだ。

欧米により中止に追い込まれたオリンピックの開催に、再度チャレンジしてデトロイトに勝った。その開催年の昭和39年に向かって国家が一丸となり、マグマのようなエネルギーで発展を加速させた。

おかげで自動車は日本のお家芸となり、お株を奪うように今度は自動車でデトロイトに勝った。ハンマーでの破壊行為に抱いた感情は嫌悪より、自動車大国に対して果たした大勝利だった。

「ジャパン・アズ・ナンバーワン」を目撃した。

オリンピック開催に向けてマークした時速210km

オリンピックに向けた数々のインフラ整備の中でも、日本の発展になくては語れない新幹線は、開催にあわせて開業する過酷なノルマを達成した。内需拡大の立役者であり、輸出事業にも育っていく。

新幹線開通には、昭和らしく微笑ましいエピソードがあるのでご紹介したい。新大阪からの一番電車を任された大石和太郎さん（当時31歳）の、ちょっぴりヤンチャな話だ。

昭和39年10月1日朝6時に、東京と新大阪から一番電車が走り始めた。

開通当初は、突貫工事による線路状態に問題があり、4時間運行が課せられていた。

さらに始発電車は、安全面などへの配慮で最高時速160kmの運転が命じられていた。

ただここに昭和らしいエピソードがある。

到着予定の10時より遅れることは許されず、その場合は210kmまで出すことが運転士に託されたのだ。

試運転で何度も210kmをマークしていたから、大石さんに不安はない。

そこでだ。京都であえてゆっくりと速度を落とし、このままでは10時に東京に到着できないことを自作自演した。さあならばと、大津付近の直線で速度を上げたのだ。速度計は210kmを指した。

「線路を作る人や架線を引く人、多くの仲間が開業に向けてがんばっていた。最後に運転する私が200km超えで走って、みんなの期待に応えたかった」と語っている。

微笑ましくも、涙あふれてくるような昭和らしい言葉だ。

個人力よりチーム力を尊重する日本人の魂のままに、事業成立の仕上げとなった運転士の挑戦である。

速度を上げ過ぎてしまい、東京到着前は調整のために速度を落とし、在来線に抜かれながら終点へと走った。近隣のビルの窓から、多くの人がハンカチを振って迎えた。

そして10時ぴったりに、一番電車が東京駅に到着した。

時刻もしかり、東京オリンピック開幕の9日前に見事に間に合わせた。

迎えた10月10日。NHKの北出清五郎アナは高らかに宣言した。

「世界中の青空を全部東京に持ってきてしまったような、すばらしい秋日和でございます」と。

聞いた瞬間の高揚感を知る大人たちが、うらやましい。

この年はさらに導かれたかのごとしで、少し遡る4月に「経済協力開発機構」へ加盟して、ついに先進国の仲間入りを果たしていた。

玉音放送からたったの19年での、アジア初の加盟は東洋の奇跡と呼ばれた。

昭和39年はやはり、日本にとってとてつもなく大きな大きなマイルストーンである。

2つの世界イベントで発展への基礎工事を完了

オリンピックが開催される直前に万博の誘致委員会が組織され、昭和40年に立候補して9月14日に選出が決まった。新幹線が東京から繋いだ都市が、次なる世界イベントへと向けてインフラ整備を進めた。

反対意見が噴出した。冷戦構造と南北問題は深刻で、そんな世界に「進歩と調和」などと発している場合でない。それどころでないという声だった。

それでもこぎつけた昭和45年3月15日。開幕当初は冷めていた。

だが夏休みに突入した会期末期には来場者が行列をなし、9月13日まで183日間で6千421万人を飲み込んだ。

国民の注目を集め実施した2つの世界イベントは、発展に寄与しただけでなく社会が目指す意識を変えたはずだ。

イベントそのものはもちろん、成功させたことの感動も得られた。国力を誇れる気持ちにもなっただろう。戦後の虐げられ続けた暮らしを完全に払拭した。

特に大阪万博は、日本人の意識を変えたのではあるまいか。

オリンピックは世界共通のフォーマットに乗っかった競技会である。

いっぽう万博は、コンテンツを創造していくイベントで意味が異なる。

まずフォーマットありきの五輪がリハーサルとなり、コンテンツで勝負するフリーフォーマットの万博という一大イベントを成功させたと考えてはどうだろう。

ソフトを楽しむことの喜びを日本中が知り、楽しむことのレベルアップになった。

それまでハードの発展こそを旗印にして猪突猛進だった戦後日本は、いわば箱主義国家だった。

製品やインフラの充実に、入れものが追いついてなかったのだ。遅れていたコンテンツ力の必要性と楽しさを、実感したのが万博だ。

箱の充実を、ソフトがキャッチアップしていく時代を到来させた。その景色の大変換こそが、翌年よりの新しい時代の幕開けになったのだ。

ゆえに筆者は万博をチェンジャーと呼び、昭和46年を昭和後期元年としたのだ。

基礎工事の完了と呼んだのもこれだ。

昭和後期なる言葉を、意味のある言葉として紡ぎ出したいと大阪へと取材に出かけた。執筆が佳境に入り始めた、令和６年の11月だ。

太陽の塔を実感したかったのだ。その大きさも含めて目の前に立ちたかった。

真っ青な空に、白の姿はため息が出るほど美しく大きかった。昭和後期へのチェンジャーと呼ぶことのふさわしさに酔った。そして強く持論を展開できる力をくれた。

資料館に展示された多くの写真からも力をもらった。笑顔笑顔笑顔だ。万博の喜びを、体験するほどに感じることができた。

論じてきた意識改革ができたのだろうと、胸を撫で下ろすような気分を味わえる貴重な時間を過ごせたのだ。

万博記念公園の資料によると、高さは約70メートル。６億３千万円が投じられた。工期は昭和44年の１月から、昭和45年の３月までかかったという。

うずたかく積み上がっていく塔に、それでなくとも反対意見が飛び交っていたところに、この異彩を放つ塔をよくぞ完成まで成し遂げたものだ。

それは成功を知っているから言える悠長な感想であって、当事者たちはさぞ深刻だっただろう。

ゲバ棒を持たない学生たちとイデオロギーの混沌

昭和45年には、昭和中期の終焉なのだと持論を固める、もうひとつの象徴的な事変がある。

万博終了から約2ヶ月後の11月25日に、三島由紀夫が割腹自殺した。45歳だった。その後の喧騒を含み、万博と並ぶ昭和後期へのチェンジャーだとする。

三島は「葉隠入門」、すなわち武士道入門を説いた。

「武士道といふは、死ぬことと見つけたり」とは、『葉隠』の一句である。三島の精神の支柱である。

入門として書き上げた三島は、割腹の日に市ヶ谷駐屯地で自衛隊員たちに「諸君は武士だろう」と叫んだ。

この演説を終えた直後、どんな想いで己に刃を突き立てたのだろう。ともあれ、彼のエネルギーが頂点に達したのだ。

遡る。安田講堂事件が昭和44年の1月に勃発し、学生たちは機動隊によって鎮圧された。これを受けて、武力でなく文化による闘争をと、思想的に真逆にある三島を招いて討論会が企画された。

敵に呼ばれて背中を見せるわけにはいかないと、この誘いを受けた三島は、敵対ではなく学生たちと真摯に向き合った。

会場となった駒場キャンパスの教室に詰めかけた学生は、千人を超えたという。

この企画の「首謀者」で、元東大全共闘の木村修さんによると、この日の三島に対して「若者らに対して真っ正直な人。若者だからという変な理屈がなくて、真っ正直に向き合っている印象だった。三島さんはあくまで教師という立場を崩さなくて。僕はあの人に包容力を感じないわけがない」との感想が残されている。

討論の最後に三島は、それまでに自分の発した言葉をここに残していく。対峙した学生たちの情熱を信じるとメッセージしたのだ。

左派学生たちとの戦いの場でありながら、乗り込む胆力とこのメッセージを残す誠実さに、自分を含み今の時代の不甲斐なさが透けて見える。

これだけのコミュニケーションをした三島が、この日より約1年半後に命を断つことになった。

昭和45年の70年安保以降、若者たちはイデオロギーや哲学よりも、個々の主張を求める生き方へと少しずつシフトチェンジしていく。

全共闘運動や大学紛争が勃発するいっぽう、ノンポリが流行語となった。イデオロギーを声高に叫ぶ者を冷ややかに見る者が多く出てきた。ゲバ棒を持たない学生たちの増加は、やがてしらけ世代などと呼ばれた。

安田講堂事件を起こした学生たちの反対側にいる自衛隊員を鼓舞した直後の割腹自殺は、日本全体のイデオロギーの減衰につながったのではないか。

万博と明暗があまりにも大きな２つの事象をもって、これにて昭和中期の終焉と位置付ける。

結論　昭和後期とは？

日本と昭和をこよなく愛するバカ者は、この最終章のタイトルを「昭和は続くよいつまでも」とした。これは宣言である。

本書の発行となった令和7年に、昭和は100年を迎えた。このメモリアルな年を起点にして、昭和101年、102年とカウントをしながら活動してゆく。広めてゆく。生きてゆく。

日本はもう2度と、昭和のマグマのような経済発展の日に戻れる日はこないだろう。だが、成熟世界一を目指す資質は十分に備わっていると確信している。世界に誇る、そして世界一の精神が日本人のDNAだからだ。

四季を愛で、八百万の神のもとで暮らしてきた日本人が、太古より受け継いできた心がある。敗戦でもへこたれることがなかった心の支柱だ。前を見てぶれずに突き進むことができたエネルギースピリットである。

情緒だ。

心に多く充填すればするほど、隣人への無償の愛が生じる。昭和にはこれがあふれているから、現代人が引き込まれていくのだ。

ノスタルジーで片付けてしまいがちだが、それではあまりにももったいない。心が本質的に求めているのは、その奥にある、昭和が敗戦後に逞しくも昇華させた情緒の結晶なのだ。

本書の結論になる。昭和後期とは？

――情緒あふれる日本人が紡ぎ出した、熱のこもった愛の時代――

である。

おわりに

これよりは、「偏り」どころでないかもしれない。笑いたくば笑えの覚悟で書き殴る。日本社会は現在、少々風邪気味である。全体で見ればまだ少数ながら、分断主義者と思われる人が混じるようになったからだ。

デジタル社会によって、昭和とは生き方が激変した。情報過多と超ハイスピード社会によって、精査の放棄や思考停止が起きやすい。やがて分断主義者が出来上がるのだ。これが増殖傾向であり、ＳＮＳ社会では言葉の威力が増した。思考停止状態で散弾銃のごとくばら撒く。

このままではまずい。危機感を持たねばならぬ段階に入った。分断主義者の増加にブレーキをかけたい。

同じく増殖中の、マウント族も大問題である。取ったもん勝ちで、敗者はただうなずくに徹する。こんなもんは人間社会でなく、主人と奴隷だ。

分断主義者やマウント族たちは、昭和こそがそうだったと憤慨する。パワハラとセクハラの時代だと。これこそは、昭和後期世代へのハラスメントだと断罪しよう。

確かに一部そうであった。だが分断主義者たちは、一部をすべてにして論ずるのである。まさしく思考停止だ。繰り返してしまうが、現在まだ彼らは少数である。今のうちになんとかしたい。

まるで伝染病のようにはびこるから、予防する努力をせねばならぬ。

いや、本来ここに努力なんて言葉はいらない。日本人に標準装備されている情緒は、現代病の特効薬でもあるからだ。

四季が発する自然の声を聞き、心を解放してやれば受け入れに寛容になる。そのまま、隣人を受け入れられる。意見の相違は、豊かな人生の栄養源である。思考を巡らせる至福も得られる。

昭和後期世代はそうして隣人を受け入れてきた。今もほとんどの日本人がそうだ。重篤な状況にある者は極々一部に過ぎない。

昭和後期世代が情緒の投資家になって、経済でなく心のバブルジャパンを目指す。そのために生きるのは素敵でなかろうか？　楽しいのでは？

熱のこもった愛を、俺たちは大量に享受してきた。その恩返しをせねば、昭和後期世代は「食い散らかし世代」に改称しなくてはならない。

これはあまりにも屈辱的である。

太古より情緒の心を紡いでくれた、先人たちに。

厳しくも深い愛情を注いでくれた、戦争体験世代たちに。

猛烈に働き日本を輝かせてくれた、発展請負世代たちに。

カラフルな社会へと導いてくれた、センス確立世代たちに。

このままでは申し訳が立たない。責務をまっとうすべしだ。

最後の最後までひどく偏った、長い旅を続けてきた。ここまでお付き合いいただき、深く感謝申し上げる。


末筆ながら、なんとか書き終えることができた協力者についてふれさせていただく。

まず1人が、とくに第7章でお力を拝借した作家の濱口英樹氏だ。タメ年の彼とは常々議論を繰り返し、知のドライブを楽しんでいる。昭和の音楽について『ザ・ベストテン』に絞り込んで論じられたのは、彼のおかげに他ならない。

もう1人が執筆家の金子直樹氏だ。雑誌『昭和40年男』の創刊2号からの付き合いで、常に斬新な切り口で記事を提供してくれた。彼にも多大なる協力を賜り、特にクルマの章は同じく彼なしでは構成できなかった。

さらにもう1人、本書の編集者の内田克弥氏だ。初めて執筆のオファーをいただいた頃は、まだ元号が平成だった。以来、連絡を入れ続けてくれた。

『昭和40年男』を2023年の1月11日発売号で手放して、北村明広に商品価値はなくなった。もう文章を書くことも表現の仕事をすることもしないと覚悟した事変でもあったが、そこから引っ張り上げてくれた恩人のひとりだ。

失意のどん底にいたことを知らず、1月26日にいつものとおり原稿催促の連絡をいただいた。

事情を話した。商品価値ゼロどころか、マイナス男だと名乗った。それでも面会を求めてくれ、気遣いならいらないと返事したところ「前向きにご相談させていただきたいです」と戻してくださった。

諸々の処理にほぼ年内いっぱいかかり、翌年になってやっと弱々しくも筆をとった。昭和についての執筆がミッションながら、いい切り口が見つからないまま、気になる事象を拾っては書くを繰り返していた。だがついに原石を見つけた。

嬉々として内田氏に送ったメッセージだ。

「ずっと悶々としてきました。括るキーワードというか、コンセプトというか、軸が欲しい。先週はじっくりと取り掛かることができ、多くの時間を費やしました。が、これだという一手が見つからないまま迎えた土曜日夜、降りてきました。『昭和後期』です」

本書でここまで論じてきた考え方や定義などを説明して、最後をこう締め括った。

「今のところ誰にも話していません。そんな大袈裟なものかとも思いますが、採用いただけたら発売が決まるまでいっさい口外しません。コロンブスの卵なんです」

これが去年の8月の下旬だった。自分をオオカミ少年と罵りながら、メールのやり取りを繰り返していた頃だ。

これはさすが編集者で、いい原石だとすぐさま共有した。4月9日が発売日にセットされて、それ以降も遅々として進まないバカ筆者を励まし続けた。

面と向かってはこっ恥ずかしいから、そっとここから「ありがとう」と述べておく。

そして内田氏のように、『昭和40年男』を失った後に声をかけてくれた、すべての皆様にお礼を申し上げる。

あなた、そこのあなたもそうですぞ。

どん底の、そのまたどん底にいた男に〝情緒あふれる熱のこもった愛〟を深くあたたかく寄せてくださった。おかげさまで『俺たちの昭和後期』を書き上げることができた。

「ありがとう」

そしてついにラストメッセージとなります。

俺たち昭和後期世代の大健闘を祈り筆を置きます。どこかでお会いできる機会がありましたら、一緒に酒を呑みましょう。

俺たちの昭和後期

２０２５年４月25日　初版発行
２０２５年６月10日　２版発行

著者　北村明広

北村明広（きたむら　あきひろ）
昭和40年（１９６５年）７月、東京都荒川区生まれ。下町の電器屋に育つ。ミュージシャン、広告代理店勤務を経て、１９９１年に会社設立。94年にバイク雑誌の創刊に関わり、98年に編集長就任。以降、編集長&プロデューサーとして、バイク雑誌を５誌創刊。２００６年、音楽雑誌『音に生きる』創刊。２００９年10月には「世にも珍しい年齢限定男性誌」のふれ込みで『昭和40年男』を立ち上げ、２０２３年１月の77号まで携わった。現在は『昭和１００年祭』『昭和びと秘密基地』『還暦維新』の各ブランドを主宰。イベント、執筆、コラボ企画などを展開している。他方、コミュニケーション・デザイナーとして、情緒ある日本を目指す。

参考文献：『昭和40年男』ｖｏｌ．１、５、９、11、14、16、17、20、22、27、28

発行者　髙橋明男
発行所　株式会社ワニブックス
〒１５０－８４８２
東京都渋谷区恵比寿４－４－９えびす大黑ビル
ワニブックスＨＰ　http://www.wani.co.jp/
（お問い合わせはメールで受け付けております。
ＨＰより「お問い合わせ」へお進みください）
※内容によりましてはお答えできない場合がございます

装丁　小口翔平＋嵩あかり（tobufune）
フォーマット　橘田浩志（アティック）
校正　玄冬書林
協力　金子直樹、川崎由美子、葉月けめこ、濱口英樹
編集　内田克弥（ワニブックス）

印刷所　ＴＯＰＰＡＮクロレ株式会社
ＤＴＰ　株式会社　三協美術
製本所　ナショナル製本

ISBN 978-4-8470-6715-0
JASRAC 出 2501057-501
WANI BOOKOUT　http://www.wanibookout.com/
WANI BOOKS NewsCrunch　https://wanibooks-newscrunch.com/